ナミキ家には2歳になる娘がいます。

狭いアパート暮らしですが、
室内を元気に駆け回る姿を見ていると、
「そろそろ一軒家に引っ越したいな」と
思わないでもありません。

一軒家といえば、
いつものお散歩コースに
気になるお宅があります。

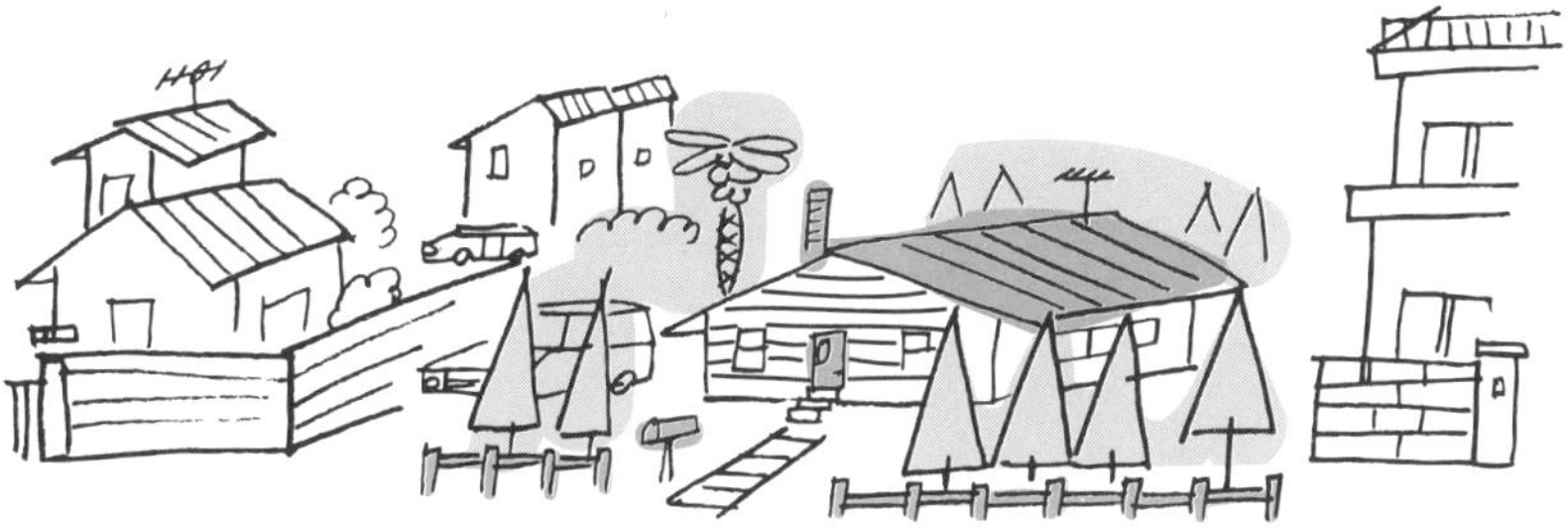

古い平屋の
かわいらしい戸建て。
中はどうなっているのだろう……

どうかされました?
いや、あの、
○※△□なわけでして……
ナミキと申します…

よろしかったらどうぞ。
お入りください。

メイプル・ベイスギー
といいマス

わあ

築52年だというお宅は、
全体にしっとりと温かみがあり、
「いつまでもここに居たい」
そう思わせる居心地のよさです。

それはきっと「木の家」だからね。

木の家？
そうか、木の家だからか……。
でも、なんとなく
お金がかかりそうですね。
メンテナンスも大変そう。

もし木の家に興味がおありなら、
ウチの父に相談してみては
どうかしら？
きっとナミキさんの
お役に立てるはずよ。

木の家に住もう。

Living in a wooden house

［CONTENTS］

第1話
木の家ほど素敵な住まいはない

16 木の家のよさ　シンプルだけど贅沢

28 インテリアとの関係　木の家の家具は木に限らない

40 地震が起きたら　やっぱり、地震には弱いの？

46 火事になったら　でも、火事には弱いでしょ？

文
古川泰司
［アトリエフルカワ／森林インストラクター］

第2話
木のことを知れば知るほど

経年変化の真相
58 いいことばかりはありゃしない!?

木の二大派閥
66 針葉樹にあって広葉樹にないもの

オススメの樹種
72 フローリングの「張ってはいけない」

あ、はじめまして
ナミキサクラと
娘のポプラです

イラストレーション/文
アラタ・クールハンド

第3話

わたしの家をつくるのは誰？

98 誰に頼むか？ パートナー選びは一生の問題
114 プランニング 間取りに王道なし。だけど…
120 高価格という誤解 木の家のお値段、おいくら？
128 建具・家具は？ アルミサッシを「木の窓」にできます？
134 中古住宅という選択 USEDでもOK
146 古い木だって… 代打、古材

154 中古住宅とDIY わたしの家をわたしがつくる?

第4話 せっかくだから MADE IN JAPAN

162 輸入材の隆盛 9人中6人が助っ人外国人

174 国産材の真実 木を植えた男より、木を切りまくる男

188 木質系材料の活用 ソーセージだって肉である

198 木へのこだわり どうせなら、いい木の家に住みたい!

ブックデザイン
大杉晋也、鈴木美絵

ところで、ナミキさん。
木の家のよさって
何だと思われますか？

※ 本書は2011年発行のエクスナレッジムック『木の家に住みたくなったら』を、大幅に加筆修正のうえ書籍化したものです。

第1話
木の家ほど素敵な住まいはない

episode.1

There's no place like wood homes.

木の家のよさ

シンプルだけど贅沢

Simple
but luxurious.

深閑とした森の中を歩いていると、心が穏やかになってきます。ダイニングテーブルはスタイリッシュなスチール製もいいけれど、やはり木製にしよう。生まれて間もない赤ん坊には、木でつくられた玩具を選んであげたい――。趣味の世界といわれればそれまでですが、私たちは知らず知らずのうちに、木を求め、木に迎えられる生き方を選ぶ生き物なのかもしれません。

ヨーロッパには石造りの家もありますが、わが国で住宅といえば、古くから木でつくられた家のこと。けれど、建築技術の発展にともない、ここ数十年は工業化された無機質な建築材料がずいぶんと幅を利かせるようになりました。その反動もあるのでしょう。今また木の家の素晴らしさが見直されつつあります。「内外装に木を多用した木造の住宅」――ただそれだけのことなのに、そこには心地よい暮らしを約束する秘密が、たくさん隠されているのです。

木の家が愛される理由

「自然」に包まれる心地よさ

人を取り囲む空間が自然の素材でつくられている。これが木の家最大の魅力です。森の中の大きな木の下で昼寝をしている自分の姿を想像してみてください。のんびりと癒されるひととき。それが木の家で過ごす毎日です

「やわらかさ」という優しさ

木は鉄やコンクリートと違い、住宅に使われる材料のなかでは群を抜いて軟らかな素材です。子供たちを走り回らせてもケガの心配が少ない。お年寄りが転んでもおそらく大丈夫。やわらかく優しい自然の恩恵が享受できます

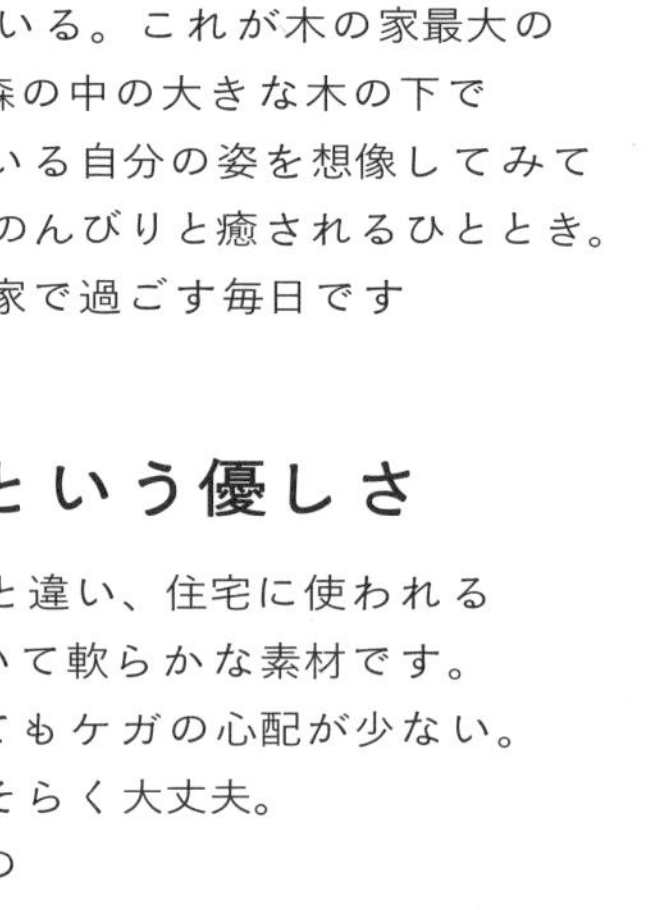

「風合い」の変化が楽しい

時間の経過とともに、
一枚一枚の木の板には独特の風合いが生まれます。
室内に張った木の板なら、白っぽい部分は飴《あめ》色に。
赤っぽい部分は落ち着いた茶系の色に。
ただ劣化していくだけの工業製品とは
根本的に異なる美点です

木は軟らかいだけに、キズもつきやすい素材です。けれど、生活のなかで自然にできたキズは、家族と過ごした**時間の刻印**ともいえます。日本にはそんな童謡もありましたね

木には、やさしさと多様性が詰まってる

木の家って素敵ですよね。でも、「それを言葉にして」と言われるとちょっと戸惑います。木の家のよさって、一言で言えば何でしょう？　一言では言い尽くせない魅力が木の家にはあります。それでも強いて言うとすれば、木の家の中に佇んだときの、なんとも言えない「ゆったりとした感じ」ではないでしょうか。

その理由のひとつは「木の香り」にあるかもしれません。木の家の中に佇んだ瞬間、多くの人の口から「よい香りがします」と言う言葉が漏れます。それは自然の香りです。木の家には、木がもっている精油成分、エッセンシャルオイルが満たされているのです。鼻の奥まで届く魅力。まさに木の家に住むことは天然のアロマセラピーなのです。

木の温もりを、足元から感じる

木の家の中に立つと、私たちはその足元にやさしさを感じま

す。木の床の豊かさをどう表現したらよいのでしょうか。その温もりをどう表現したらよいのでしょうか。

「子どもたちのための木の家をつくりたい」というご依頼で、保育園の設計をしたことがあります。完成した園舎では、子どもたちが床の上を嬉しそうに愛おしくゴロゴロ遊びをしていました。先生方によると、木の床は温かくて柔らかいので、子どもたちもついついゴロゴロしてしまうそうです。子どもたちは正直です。私たち大人も、木の床にならずっと座っていたい、できればゴロゴロしたいと思うのではないでしょうか？

もし、木の床の上をゴロゴロしたことがないのなら、是非とも体験していただきたい。できれば肌ざわりのやさしい、スギの木の床の上を。きっと、木の家のよさを体で感じることができるでしょう。そう、木はやさしいのです。私たちを惹きつけて止まない魅力。木は、私たちにとってなくてはならない存在なのだと思います。

同じ模様の木は1本もない

また、木はとても個性的です。切ったときに現れる木目は成長の過程で生まれるものなのですが、1本1本の木で違います。同じ木目はひとつもありません。

いつの間にか現代社会では、他の人と同じでいることが求められてはいませんか？　人はそれぞれ違うのです。同じになれと言われたら、窮屈でしょうがない。知らず知らずのうちに現代社会の風潮は私たちのストレスになっているのではないでしょうか？　でも、木は違います。一つ一つが全部違うのです。全部違うことが普通なのです。木目は多様で、それはとても自然なこと。私たちは、自然な木の在り方に、心癒やされているのではないでしょうか。香り、触覚、視覚。人間の感覚にこれだけ答えてくれる木の家は、私たちの生活を包んでくれます。そして、豊かな暮らしがそこに生まれるのです。

ところで、最近の研究では「脳の活動を計測すると、木に触れることでヒトは興奮状態からリラックス状態に変わる」という結果が出ているそうです。また、「木に囲まれた空間では、子どもたちはひとつの遊びに集中できる」という事も報告されています。木の家のよさを科学的に解明できる日は遠くないようです。

豊かな木の表情

木の家にさまざまなスタイルがあるように、木という材料そのものにも、豊かな表情があります。木は育ち方、加工の仕方によってデザインが変わりますので、選び方、使い方次第で部屋の雰囲気は一変します。

【節《ふし》あり】

生成《きな》り / 自然体を愛する人に

樹木の枝は日の当たらない下のほうから枯れ落ちます。「節《ふし》」は、その落ちた枝の痕跡。人の手で早めに枝を落とせば節はできませんが、手入れが行き届かなかった木にはたくさんの節が現れます

【節埋《ふしう》め】

パッチワーク / センスが光る個性派

木の中に残っている節《ふし》（枯れ枝がそのまま木に埋もれたもの）は「死節《しにぶし》」と呼ばれます。死節を残したまま板に加工するとその節が抜けて板に穴があきます。この穴を別の木で埋めたものが「節埋《ふしう》め」です

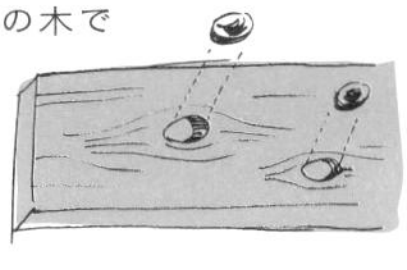

【皮付《かわつ》き】

毛皮 / ワイルドな印象

あえて樹皮をつけたまま使う木を「皮付《かわつ》き」「耳付《みみつ》き」といいます。木の存在感がより一層際立つ使い方です。なかには枝が付いたままのものもあります

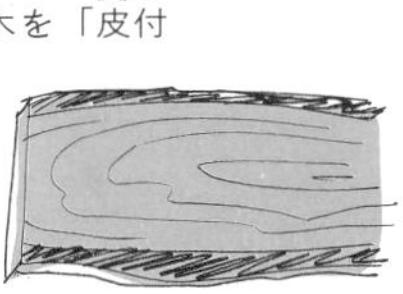

【柾目《まさめ》】

ピンストライプ / 高級感を演出

丸太の中心を縦に切ると真っ直ぐ平行な木目が現れます。これを「柾《まさ》目《め》」といいます。中心からずれた外側（樹皮側）に近い部分を切ると、「板目《いため》」と呼ばれる山型の木目に変わります

［柾目］

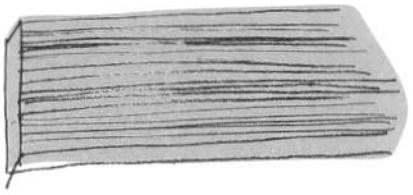

［板目］

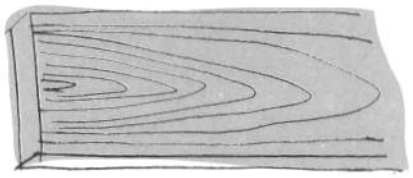

【源平《げんぺい》】

バイカラー / 時間とともに同じトーンに

板の色が赤系と白系にはっきり分かれているものを「源平《げんぺい》」といいます。「源氏《げんじ》の白旗、平氏《へいし》の赤旗」がその由来です。色の差が激しいと価格は安くなります。「スギの源平」といえば昔から価格の安い板の代表です

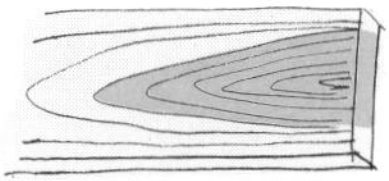

風合いと変色のサイエンスな関係

木が「風合い」を醸し出す背景には、変色という自然現象が存在します。

木は主に「リグニン」という樹脂成分と、「セルロース」という繊維成分からできています。建物の外壁に木の板を張ると、若々しい赤やベージュ、樹種によっては茶色っぽかった木の色が、時間の経過とともにシルバーグレーに変わっていきます。これはリグニンが太陽の紫外線で分解され、雨で流されてしまったために起こる現象です。ただし、変色するのは表面のみ。変色した部分をきれいに削れば、再び新しい木の色が鮮やかによみがえってきます。

室内に張った木の板も、紫外線が当たった部分はリグニンが分解され変色していきます。しかし、こちらの変色はシルバーグレーではなく飴色《あめいろ》です。外壁のようにリグニンが雨で流されないため、濃厚な飴色に色が保たれるのです。美しさと歴史を感じさせる飴色の木は、木の家ならではの魅力ですね。

ちなみに、繊維成分であるセルロースは、つなぎ材として**アイスクリーム**の材料に利用されることもあります

皮付きの木は ムシがわいたりしません？

はい、スルドイ指摘ですね。たしかにその懸念はあります。樹木は表面の皮のすぐ内側が「形成層」と呼ばれる組織になっています。木が成長するのは主にこの部分からです。成長が盛んな部位には当然栄養素もたっぷり蓄積されていますから、木材を腐らせる「木材腐朽菌《ふきゅうきん》」や木材が好物の害虫などは、こぞってこの形成層を攻めてきます。そのため、木材腐朽菌や、害虫に好まれやすい皮付きの丸太は、腐ったりムシがわいたりする確率が高いといえます。

　だからといって、使わないほうがよいかと聞かれれば、そうとも言い切れません。皮付きの丸太には、ほかの板にはない重厚な存在感があります。こうした木がお好みなら、細かなことは気にせずどんどん使ってみましょう。湿気の多いところでの使用を避けるなど、それなりに注意を払っておけば大丈夫です。

「節のない柾目」と
「節のある板目」の経済格差

同じ人間でも見た目がよいというだけでモデルとして活躍できる人がいます。節《ふし》のない柾目《まさめ》の板は、さしずめお肌がきれいですらっとした八頭身美人といったところでしょうか。

木材の価格は体積当たりの単価で決められます。「節ありの板目《いため》」でランクの低いもの（並材《なみざい》と呼ばれる）であれば1㎥当たり10〜20万円が相場です。一方、「節なしの柾目」は値段が高いものになると1㎥当たり80万円以上もします。格好よくポーズを決めるだけで一般の人の何倍も稼ぐモデルさんとまったく同じ（？）構図です。

見た目の違いでこれほど差をつけられると、節だらけの板目に近いわれわれ一般人

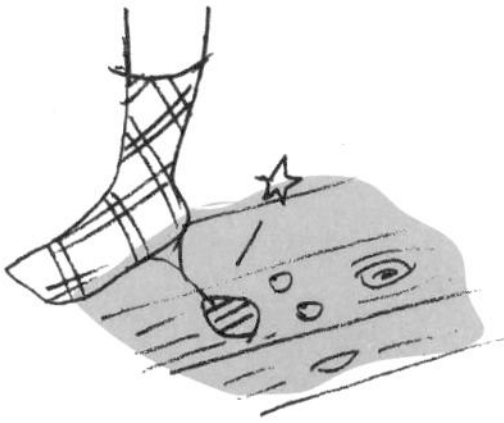

としては、なんともやるせない気持ちになります。ただ、同じ節でも「死節《しにぶし》」の場合は抜き差しならぬ深刻な事態を招きます。死節とは節を押すとそのまま節がズボッと抜けて板に穴があくもの。もし、柱や梁《はり》といった家の骨組み部分に死節があると家全体の強度の低下が懸念されます。また、死節のある板をフローリングなどに使うと靴下やストッキングを引っ掛けるおそれもあります。

なお、板と一体になっている節は「生節《いきぶし》」といいますが、こちらは機能上何の問題もありません。たとえ節だらけでも、生きていれば立派にやっていけるということです。というわけで、木の家についてもっと詳しく見ていきましょう。

節のある板目のお値段

たとえば幅10㎝・長さ2ｍ・厚さ15㎜の板を立方メートル（㎥）で換算すると0.003㎥になりますから、1㎥当たり20万円とすれば板1枚で600円です。1坪（約3.3㎡）ならこの板が19枚並ぶことになりますから、1坪当たりの値段は11,400円です

インテリアとの関係

木の家の家具は木に限らない

The furniture in a wooden house is not always made of wood.

木の家のテイストは、インテリアから発想することも可能です。豪華な漆塗《うるしぬ》りの重箱《じゅうばこ》に焼き立てのピザが盛りつけてあったらおかしいように、暮らしを支える「中身」とそれを入れる「箱」は、ある程度しっくりくる関係でありたいものです。これが住宅であれば、住み手の生活スタイル、好みの家具などと、床・壁・天井の仕上げ方、木の色使いなどとの関係になります。

シェルチェアでおなじみの「イームズ」は、工業化を意識した軽やかな家具を数多く取り揃えていますが、この系統の家具は、床を濃いめ・強めの木にして、壁や天井は軽めに仕上げた部屋に置くとぴったりです。Yチェアでおなじみの「ハンス・J・ウェグナー」の家具、いわゆる北欧系で統一するなら、床は白系、壁は木の板を張らず漆喰などにすると納まりがよくなります。もちろん、あえてミスマッチを狙うのも一つの手です。

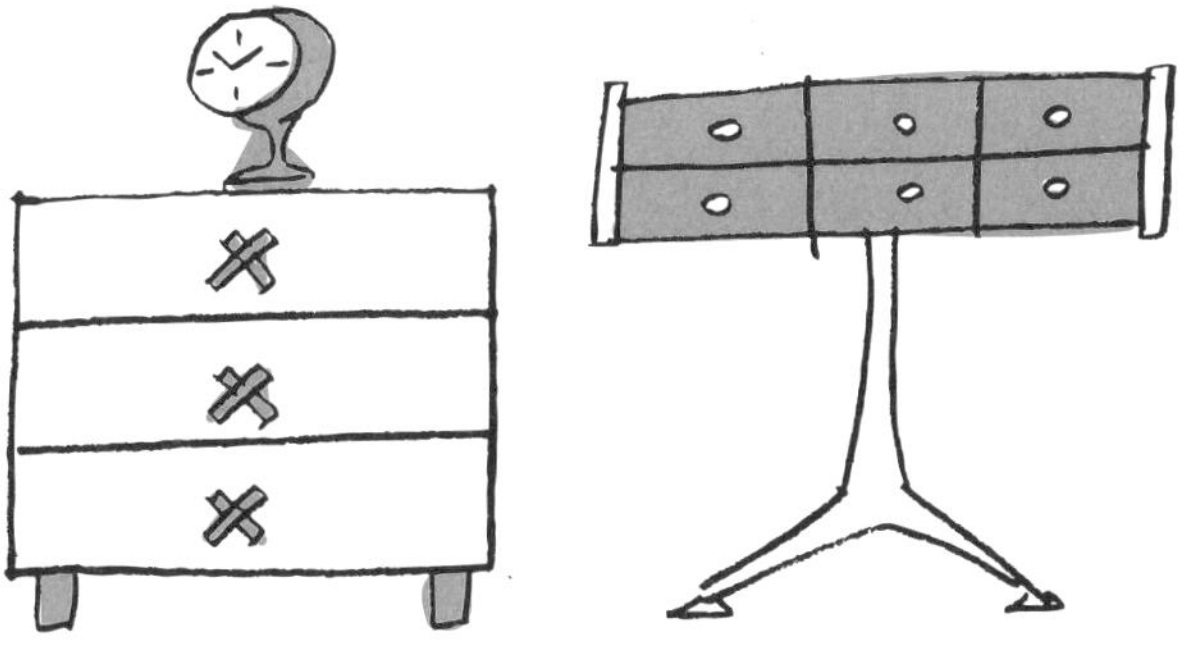

インテリアから
発想してみると…

ミッドセンチュリー　床を硬質に

金属やプラスチックなどを用いた家具には、
濃くて強い木目の床が似合います。
たとえばナラ、クリ、チークといった広葉樹。
それらをさらに濃い色で染め上げると
ミッドセンチュリーの雰囲気が一層引き立ちます。
壁や天井をライトな塗装で仕上げれば一丁上がり！

北欧 白っぽさで迫る

白っぽい木の床を軸に戦略を組み立てていきましょう。
パイン、ヒノキ、メープルが代表的なフローリングの種類。
壁はしっとりとした風合いのある白の漆喰がよいでしょう。
さらにアクセントとして壁や天井に白っぽい板を
張ってもOK。要は白っぽさがキーポイント

ラスティック　木の重厚さと深みが楽しめる

「素朴な」「田舎の」といった意味のラスティックスタイルでは、足場板や古材、土壁やレンガ、塗装のはげた鉄材やテラコッタタイルなど、手仕事の風合いをうかがわせる材料を使います。アメリカの片田舎の古びた納屋や木造倉庫などを連想してもらえたらよいかもしれません。最近はそこに現代的要素を取り入れたモダン・ラスティックが人気です。

ブロカント 木とペイントの経年変化を愛でる

ブロカンテとも呼ばれるこのスタイルは、
フランス語の古道具やガラクタが語源。欧州の田舎にあるような
納屋やボートハウスをイメージしてもらえればよいでしょう。
こちらも古材を使いますが、ラスティックより
少しジャンク寄りで生活感がある印象。配するインテリアや道具も、
時代や雰囲気を合わせてやることがより重要なスタイルなので
やや上級者向けかもしれませんが、その分これが完成という型がなく
作り上げを無限に楽しめるスタイルともいえそうです。

あえて木を見せない。それも また木の家

木の家というと、床も壁も天井もすべてが木で埋め尽くされた部屋をイメージされるかもしれません。しかし、巷《ちまた》にある「木の家」の部屋すべてに木が張ってあるかといえばそうでもありません。特に壁に木の板を張っている家は少数派です。

なぜでしょうか？ 理由は木目《もくめ》の存在にあります。木目は木の魅力の一つではありますが、親切も度が過ぎるとお節介なように、木目が多いと木の存在が押し付けがましく、鬱陶《うっとう》しく感じられてしまいます。人の目は日常的に床より壁を見る機会が多いですから、壁に木目や節《ふし》が多いと気になって仕方がないのです。

塗装すれば一石二鳥

もし木目が気になるなら、その上に少し薄めた水性塗料を塗るという手があります。木ならではの強烈な存在感が薄れ、

部屋全体がふわりと柔らかな表情に変わります。塗料の奥に木目や節が薄く透けて見えるのも、一つの美しさでしょう。あるいは濃いペンキで全体を塗りつぶしてしまうとか。この場合は、木目だけが薄いレリーフのように浮き出てきます。

ところで、最初から木に塗装すると決まっていれば、使用する仕上げの板は安価なものでも問題ありませんので、材料費を安く抑えることができます。たとえば、赤身《あかみ》と白太《しらた》の色がくっきり分かれている「源平《げんぺい》」は、あまり好んで使われない安価な板の代表ですが、どうせ上から色を塗るのであれば板の色がまだらでも関係ありませんね。

塗装の種類は大きく分けて「皮膜《ひまく》塗装」と「浸透《しんとう》塗装」の2種類になります。皮膜の代表がウレタン塗装で、木の表面がウレタンの皮膜で覆われます。木がもつ調湿機能は低下するかもしれませんが、硬い皮膜が板の表面を傷つきにくくします（薄く吹き付ける程度であれば調湿機能はさほど損なわれ

ません）。浸透の代表はオイル塗装で、木の内部にオイルを染み込ませることで汚れ止めとします。ウレタンのように傷からの保護は期待できませんが、木の本来の風合いを生かしたいのであればこちらのほうがベターです。

クロスなら「紙」にしておこう

以前、ある建て主さんから「床も壁も天井も全部木の板を張って山小屋のようにしたい」と要望されたことがありました。しかし前述のような理由から、「壁だけはクロスにしたらどうでしょう」と逆提案させていただきました。クロスといっても安っぽいビニールクロスではなく、和紙でできた落ち着きのある紙《かみ》クロスです。和紙だからといって和風になるわけではなく、洋風のインテリアにも和紙のクロスは意外と合います。数年後おじゃましてみると、「やはり壁を和紙にしてよかった」と感謝されました。「おそらく木の壁にしていたら鬱陶しかっただろう」とのことです。

またある建て主には、「天井にはどうしても木の板を張りたい、節があってもいいから木の板がいい」と要望されました。ご要望どおり板張りの天井にしたのですが、いざ完成してみると、ある一カ所の節がどうしても人間の眼に見えると大騒ぎに。最終的には気になる節がある板の上にもう一枚きれいな板を張り重ねて事なきを得たのですが、ことほどさように、木目や節の存在というのは、室内の雰囲気や住み手の気持ちに大きく影響するということなのです。

さまざまな木の家

洋の東西を問わず、木の家にはさまざまなタイプがあります。「自然の素材でつくる家に興味はあるけど、節《ふし》や木目《もくめ》がいっぱいでいかにも『木の家』って感じになるのはイヤだなぁ」と逡巡しているあなた、ご心配なく。

民家 剛の代表

日本の木の家といえば、民家と数奇屋《すきや》がその代表です。
民家は、太い大黒柱に丸太の梁を組み合わせ、
茅葺《かやぶ》きの屋根を載せた、荒々しい「剛」のイメージです

数奇屋 柔の代表

数奇屋といえば
高級旅館の格式ある
和室が思い出されます。
細い柱がはかなげな、
民家とは真逆の「柔」の
イメージです

洋館 洋の代表

屋根の傾斜が急で、
室内の壁は板張りの
ペンキ仕上げ。その昔、
外国人居留地などに
建てられた瀟洒《しょうしゃ》な洋館は、
日本における舶来の
木の家の代表です

ログハウス 男の隠れ家

丸太を組み合わせてつくるログハウスは、
避暑地のペンションや山小屋でおなじみのスタイル。
清楚な洋館とは対称的な「男の隠れ家」です

最近は**マンション**の室内に木の板を
張って「木の家」に変えるリフォームも
人気が高まっていますね

地震が起きたら

やっぱり、地震には弱いの？

Is it vulnerable to earthquakes?

木の家の素敵なところを紹介してきましたが、「でも、よいところばかりじゃないでしょう?」と言われる方もいますよね。特に、日本は地震が多い国です。木の家は地震に強いのでしょうか?

「木の家は地震に弱い」と思っておられる方がほとんどではないでしょうか。実はそれは大きな誤解です。まず、1981年に法律で決められた最新の耐震基準を守って建てていれば、基本的には問題ありません。その後に続いた大きな地震の経験から、いくつかのルールも追加されています。古い建物でも、決められたルールに従って補強工事をすれば、耐震性能を上げて安心・安全な建物にすることができるんです。

それでも「鉄骨造や鉄筋コンクリート造の建物と比べたら弱いでしょう?」と言う人もいることでしょう。でも、それも実は大きな誤解なんです。木造建築は、あまり大きな建物でなければ「鉄骨造や鉄筋コンクリート造よりも実は強い」んです。

カン違いしてない？
地震で家が倒れる仕組み

みなさんは、地震で倒壊した住宅の映像を目にしたことがあるでしょう。家がグチャっとペチャンコにつぶれている状態。あれを見て、「木造の家は地震がくると割り箸が折れるように柱が折れる」と早合点している人が多いようですが、そうではありません。

「接合部」が外れるから壊れるんです

実は、倒壊する家の多くは、柱や梁が折れる前に柱と梁をつないでいる接合部《せつごうぶ》が外れ、それぞれの材料がバラバラになって壊れています。「破壊」というより「分解」というイメージでしょうか

「壁」が足りない

もう一つ、壊れやすい家に共通しているのは
「壁が少ない」ことです。ここでいう壁とは
「スジカイ」（筋違い）が入っている壁のこと。
柱と梁で囲まれた四角の中にバッテンに入れる筋かいは、
地震の揺れにふんばって耐える役割を果たしています。
こうした壁は「耐力壁《たいりょくへき》」と呼ばれます

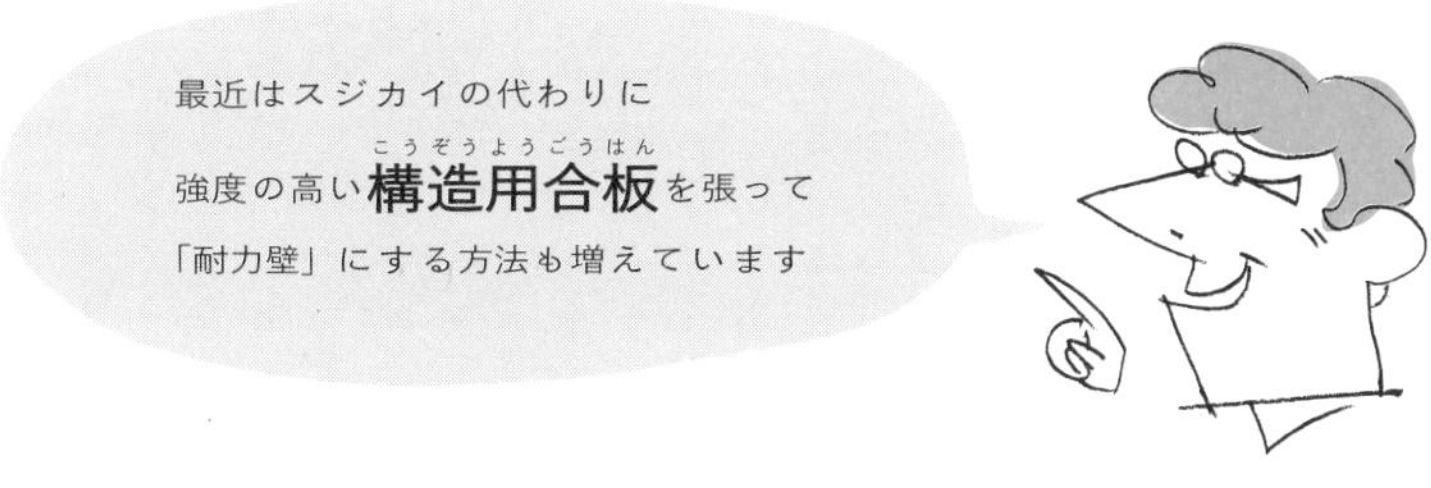
最近はスジカイの代わりに
強度の高い**構造用合板《こうぞうようごうはん》**を張って
「耐力壁」にする方法も増えています

木の家だって相当強い！

木の家は、接合部が外れやすかったり、耐力壁が少なかったりすると壊れやすくなります。実は昔の家はこのタイプでした。けれど、いまどきの木の家はこうした弱点を完全にカバーする方法でつくられますので、安心してください。また、木は鉄やコンクリートに比べて軽い材料ですが、そのわりに強度があるので、地震の衝撃に対してはむしろ有利になることをお伝えしておきます。

接合部は「金物《かなもの》」でしっかり留めています

外れやすい接合部は、金物でしっかり留めておけば
地震で揺らされても外れません。
柱と梁、柱と土台など、外れると困る接合部は
すべて金物でがっちり留められています

耐力壁には正しい入れ方がある

耐力壁は正しい方法で入れます。

「必要な量」を「バランスよく」入れるのが耐力壁の正しい入れ方。いまは正しく入れる方法を厳密に計算して求めるよう法律で定められているので安心です

地震に対して強い家にするには、スジカイや金物でかためるだけでなく、木組みの強さでしなやかに地震の揺れを受け止める伝統的な方法もあります。法隆寺が1300年以上も地震で壊れていないのがよい例ですね

火事になったら

でも、火事には弱いでしょ？

Well,
how about fire?

木の家が、ルールさえ守れば地震に対しても強くなることはよくわかっていただけたかと思います。そうしたら、次は「火事はどうですか？」と思われることでしょう。確かに、木は燃えますすね。しかし、燃えるからといって火事に弱いと思われるのは、大きな誤解です。一番大事なのは「人の命を守る性能」です。だとすれば、木の家は決して弱いわけではないんです。

ひとくちに火災といっても、建物の燃え方には2通りあります。一つは「建物内部のモノが燃える」、もうひとつは「建物自体が燃える」です。最初に燃えるのは「建物内部のモノ」で、そこから燃え広がって「建物自体」が燃え始めるのです。

そもそも火災では、建物が燃える前の避難と消火が最重要です。建物自体が燃える前に、安全な場所に避難できることが先決。これに関しては、鉄骨造や鉄筋コンクリート造と木造の建物の条件は変わらないのです。ご説明していきましょう。

カン違いしてない？
火災で家が燃える仕組み

火災の多くは建物の中にあるもの（収納可燃物）が燃え始めて起こります。木造でも鉄筋コンクリート造でも中身が燃えれば火事になるのです。

怖いのは焼死より中毒死

火災で怖いのは、燃え盛る炎による焼死より、
有毒ガスの発生による中毒死です。
もし、火災により発生する一酸化炭素の濃度が10%になれば、
人間は一呼吸しただけで死んでしまいます。
木の家自体は、一気に燃えなければ多量の一酸化炭素を発生しませんが、家の中にある石油精製品（プラスチックなど）が燃えれば中毒死の危険が高まります。
やはり、家の構造より中身が問題だということです

消防車は８分以内にやってくる

日本の消防システムはずいぶんとよくできていて、
仮に火災が発生しても、都市部であれば通報後５～８分以内に
消防車が駆けつける仕組みです。木の家でも
鉄筋コンクリートの家でも、建物が燃え始める前に
避難できれば命は十分助かります。あとは消防隊におまかせ！

ちなみに、
火災の原因第１位は**たばこ**です。
２位がたき火、３位がこんろ、４位が放火。
寝室（寝タバコ）と庭のたき火には
くれぐれもご注意を

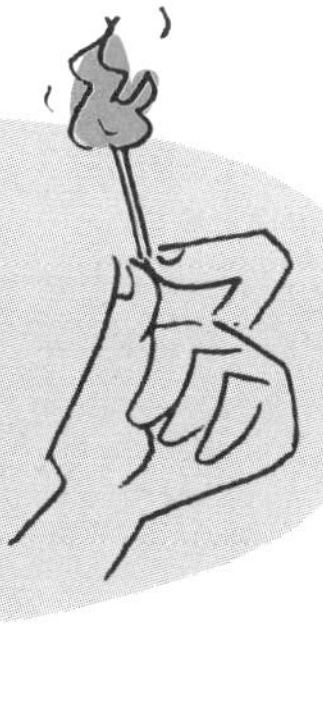

48~51 頁監修
安井昇［桜設計集団一級建築士事務所］

火事になっても燃え拡がりにくい家

こんなことに気をつけて木の家を建てれば、
万が一火事になっても周りの家に迷惑をかける
心配はグッと減ります。

比重が高い＝着火しにくい

木は比重が高いほど着火しにくくなります。
針葉樹ならスギよりもヒノキ、ヒノキよりも
マツのほうが比重が高いので、材料選びの際は
このあたりも加味すればよいかもしれません

サイズの目安

明確に決まっているわけでは
ありませんが、柱の太さは
120 × 120㎜以上、梁の幅は
120㎜以上、仕上げに使う板の
厚さは 15㎜以上にしておくと、
万一の火災でも周りに迷惑を
かけにくくなります

ちなみに…

たとえばスギの木であれば、
1分間に0.8～1㎜
しか燃えません。
木はみなさんが思っているほど
燃えやすい材料ではないのです

お隣の窓にご注意

隣の家のキッチンから火災が発生した場合、
キッチンの向かいに窓があると
「もらい火」の危険が
高まります。逆に
こちらの火が燃え移る
可能性もアップ。
窓の位置は重要です

軒裏《のきうら》は30㎜以上

軒の裏側に張る木の板は、30㎜以上にすれば
法律の要求する延焼防止性能を達成できます

なるべく消火器を

当然といえば当然ですが、
消火器を置いておくと
いざというとき安心です
（特に火を使う部屋）

最近は**燃えにくい木材**があると
聞いたのですが本当でしょうか？

木に薬剤を染み込ませた**難燃木材**と呼ばれるものがあります。たしかに燃えにくくはなりますが、いわゆる薬漬けの木材ですので、薬が抜けないようなメンテナンスが必要になりますね

木の家について、
だいたい分かりました？

知れば知るほど
木の家の魅力にハマりそうです。

では、木という素材の性格に
ついても教えておきましょう。

これを知ると、木の家が
もっと好きになるかもしれませんよ。

第2話

木のことを知れば知るほど

episode.2

The more you learn
about wood.

経年変化の真相

いいことばかりは
ありゃしない!?

It can't be
all that perfect, can it?

恋

人選びの決め手とは、なんでしょうか? 出会った瞬間に「ビビビッ」ときたなんて、芸能界のお話だけではありません。個性と個性がその一瞬で共感しちゃうわけです。考えすぎるより、直感の方がうまくいくことだってある……のですが、えてして長続きしないのも事実のようです。木の家も同じ。木の家に一目惚れ……それも悪くはないですけどね。

ポイントを一言でいうと、「木は生き物である」。山のなかに生えているときはもちろん、伐採した後も、木はまるで生きているかのように動きます。家を建てた後に起こりやすい、フローリングの反り・収縮といった動きはその最たるものですが、予備知識のない人にとってはこれがクレームの種になることも。木は工業製品ではありませんから、この程度で文句を言われる筋合いはありません。ここはじっくりと、生涯の伴侶になりうる恋人選びについて考えてみましょう。

木が動くだって!?

木の家をつくる難しさと面白さは、
ここにあると言っていいかもしれません。
木が動くメカニズムをひも解いてみましょう。

原因は「水が抜ける」こと

山の水をおもいきり吸い込んで生きているのが
木という生き物です。木の水分は切り倒された直後から
抜け始めますが（乾燥）、それにともないカラダは
縮んでいきます（収縮）。肉を乾燥させた
ビーフジャーキーがシワシワなのと同じ理屈。
木のフローリングでは、いつの間にか板と板との間が
すいていることがありますが、それは板に含まれていた
水が抜けて板全体が収縮した結果です

水が抜ける
板がすいてくる

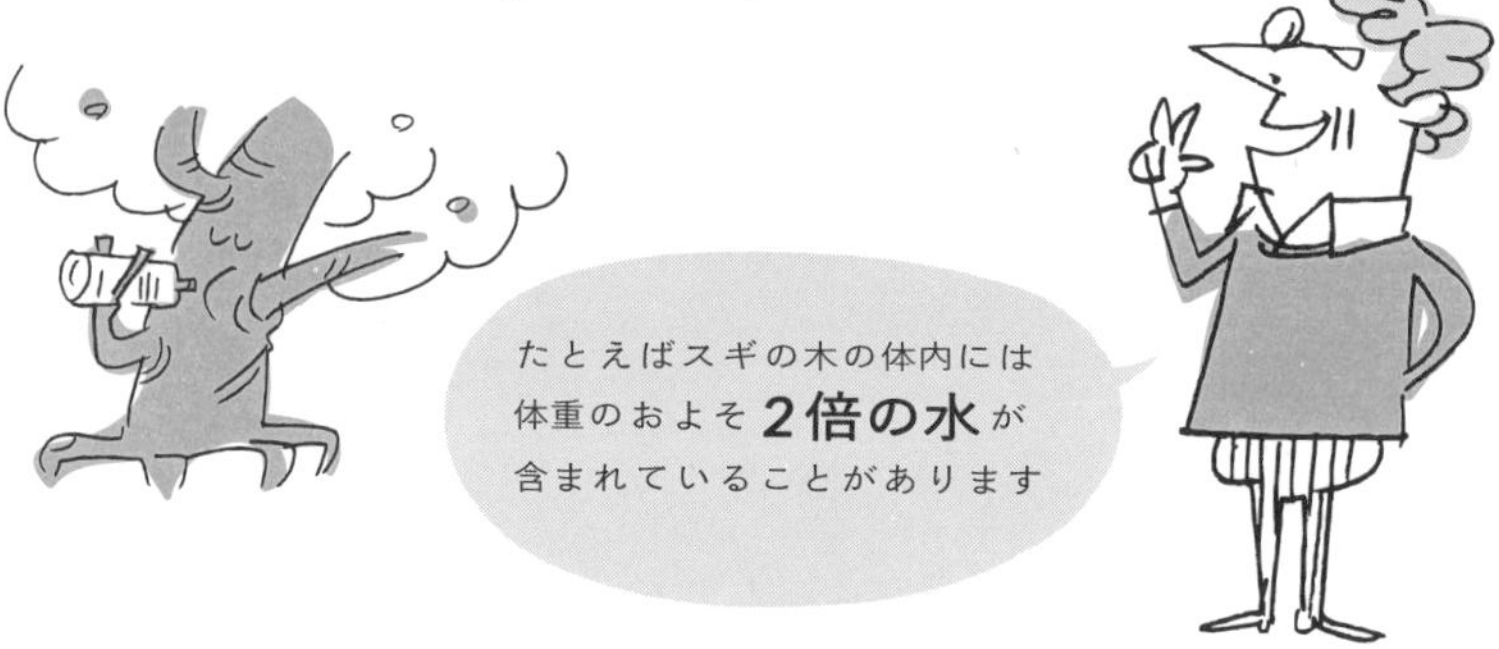
たとえばスギの木の体内には
体重のおよそ**2倍の水**が
含まれていることがあります

反りの原因は「赤と白」の収縮の違い

ご覧ください、木の切り株です。
中心に見える赤い部分を「赤身《あかみ》」、
外側の白い部分を「白太《しらた》」といいます。
細胞分裂が活発で日々成長しているのは外側の白太のほう。
若い白太にはたくさんの水分が含まれています。
逆に年老いた赤身にはあまり水分が含まれていません。
ゆえに、白太は木の収縮が大きく、赤身は小さい。
この収縮の差が、木材が反るメカニズムです。
反りが大きければ、木材は割れることだってあります

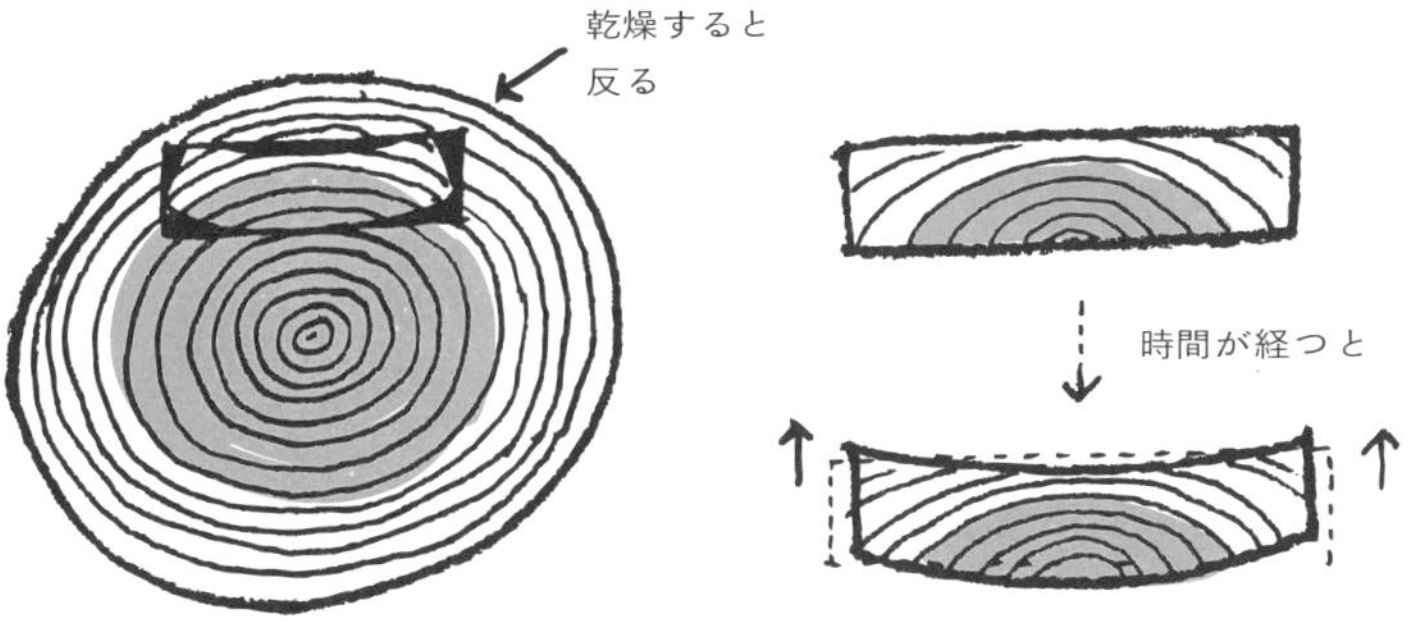
乾燥すると
反る
時間が経つと

赤身は木としての生命活動を終え、「カラダ」を支える骨になった部分。**栄養分が少ない**ので菌類や害虫に狙われにくくなります。
そのため、腐りにくく耐久性も高くなっています

オモテもあればウラもある

板状に加工された木のうち、もともと樹皮に近かった外側を「木表《きおもて》」、樹芯に近かった内側を「木裏《きうら》」と呼びます。木表は白太《しらた》側で木裏は赤身《あかみ》側。木表のほうが収縮が大きくなる理屈は、前のページでお話したとおり。表と裏には使い分けがあって、基本的にカラダが触れる面に使うのが木表です。

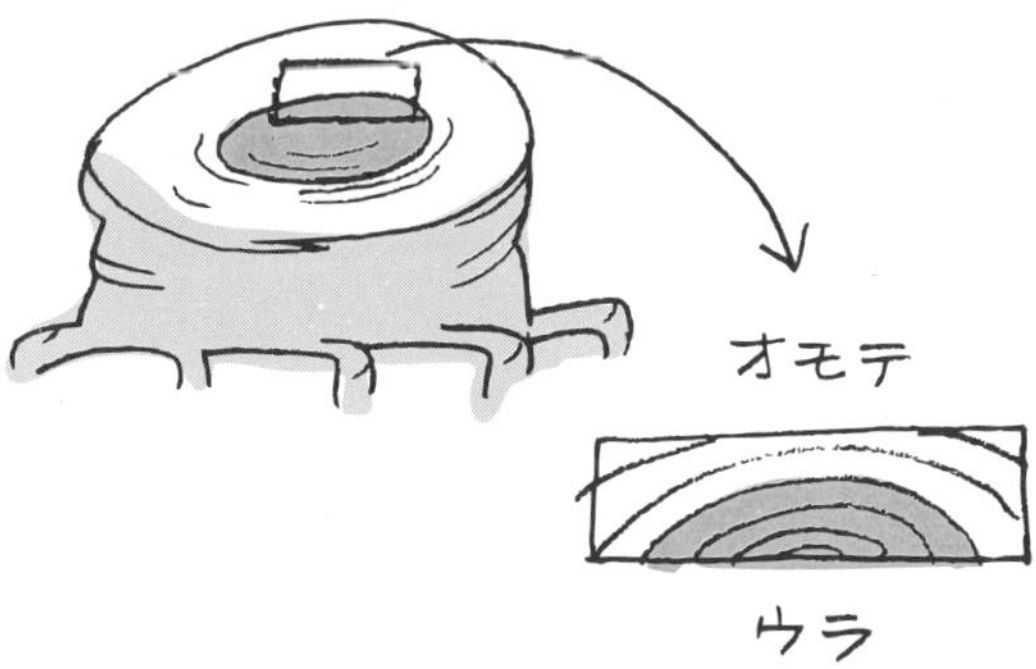

モトもあるしスエもある

木の使い方には、表裏だけでなく元末《もとすえ》もあります。山に生えている木を切って丸太にしたとき、もともと根元だったほうを「元《もと》」、梢に近かったほうを「末《すえ》」と呼びます。柱として使う場合、昔の大工さんなら必ず元を下に、末を上にして使ったものです。

また、木表にカンナをかけると、カンナのノリがよく
仕上がりもツルツルになります。逆に木裏はなんとなく
ざらついた仕上がりに。そこには、**木の繊維の方向**が
強く関係しています。繊維がどちらを向いているかによって、
木表・木裏で表面の状態が変わってくるのです

オモテとウラを間違えても
いい時代って、本当にいい時代？

表と裏、光と影、天国と地獄……。
なんにでも相対する概念は存在しますが、これが逆になったらどうなるかという話を一つ。

62ページで、木にはオモテとウラで使い分けがあると述べましたが、たとえば「鴨居《かもい》」と「敷居《しきい》」はその代表例です。引戸《ひきど》などの上につける鴨居は木表を下側にして、下につける敷居は木表を上側にして取り付けます。木は木表側に反ってくるため、それを押さえつけるように釘で留めておかないと、次第に引戸の開け閉めがスムーズにできなくなるからです。間違えて表裏を逆につけてしまうと鴨居も敷居も内側に膨らんで、最悪の場合、戸が開かなくなることも。まさに天国と地獄。

ところが、最近の若い大工さんは木の表裏をあまり気にしなくなりました。木の反りは木の内部にある水分が抜けていく過程で起こる現象ですが、現在流通している木は事前にしっかり乾燥されたものがほとんどなので、表裏を間違えてもさほど大きな問題には

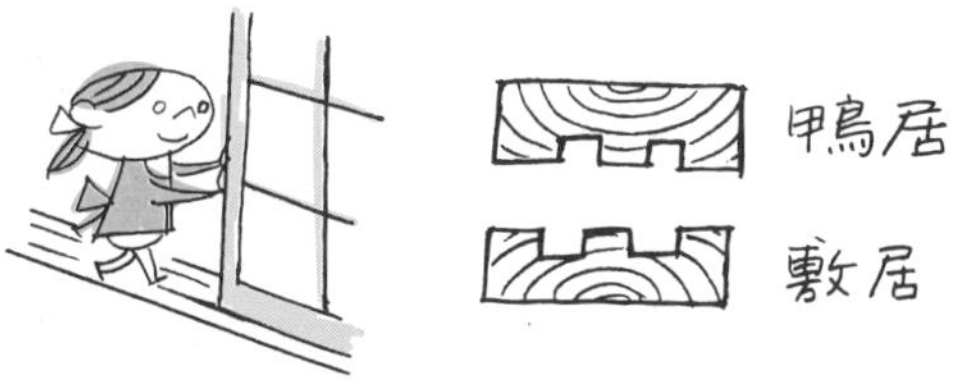

ならなくなったからです。

フローリングの場合も同様です。このところ中国から輸入される広葉樹のフローリングは、最初から表裏関係なく加工されているものが珍しくありません。ベテランの大工さんが聞いたらあきれ返る話ですが、あらかじめきちんと乾燥してあるから表裏なんて関係ないと開き直られると、返す言葉も見つかりません。

そうはいっても、カンナを掛けてみると表と裏の違いは如実に現れます。繊維方向の関係で、木表側を削るときれいにツルツルに仕上がるのです。「だったらやはり木の表裏は重要なのでは？」と思いたいところですが、最後にカンナを掛けてきれいに仕上げるような部屋がこのところの住宅からは姿を消しつつあります。それは和室のこと。和室の減少とともに、大工さんの腕の見せ場も木の表裏を見る習慣も次第になくなりつつあります。

木の良さを活かす目は、もはや時代遅れの知恵なのかもしれませんが、ちょっと寂しい話ではありますね。

木の二大派閥

針葉樹にあって広葉樹にないもの

What coniferous trees have
that broadleaves don't.

日本料理の装飾にも使われるマツの葉。尖っていて痛そうですが、その形状からマツの木は針葉樹《しんようじゅ》だと分かります。一方、和菓子の「道明寺《どうみょうじ》」（関西では桜餅）。お餅を包んでいるサクラの葉を見れば、サクラが広葉樹《こうようじゅ》だと分かります。木は、その葉のかたちから針葉樹と広葉樹に分類されますが、木の家に使われる木はどちらかといえば、これはもう圧倒的に針葉樹です。

ざっくりいえば、柱や梁《はり》などの「構造材《こうぞうざい》」に使われるのはスギ・ヒノキ・マツといった針葉樹、広葉樹はフローリングなどの「造作材《ぞうさくざい》」や家具など、ごく一部にしか使われません。切ったり、削ったり、穴をあけたり。重量が軽く、そのわりに強度もある針葉樹は、まっすぐに育つ上、抜群の加工性を持っているので家づくりにジャストフィットするのです。ついでに価格も安いとキタ！　オール針葉樹の家はありますが、オール広葉樹の家はあまり見かけません。

針葉樹とは？ 家をつくる木

▲軟らかい

▲軽い

▲真っ直ぐ伸びる

▲成長が早い

真っ直ぐ伸びるうえ加工もしやすいので、長い寸法が必要な家づくりの材料にはうってつけです

主な用途

［家］スギ、マツ、ヒノキ、サワラ、カラマツ、ヒバなど

広葉樹とは？ 家具などをつくる木

- 硬い
- 重い
- 曲がって伸びる
- 成長が遅い

曲がって伸びるので長いものには加工できませんが、硬さを生かして家具や楽器など多方面で活躍します

主な用途

［家具］チーク、マホガニーなど
［バット］アオダモ（日本）、ホワイトアッシュ（米国）
［ゴルフクラブ］カキ（パーシモン）
［アコースティックギター］ローズウッド、マホガニーなど
［ウイスキーの樽］ホワイトオークなど
［木刀、備長炭］カシ

針葉樹・広葉樹Q＆A

1

どうして木は針葉樹と広葉樹に**分かれている**のですか？

進化の過程でそうなりました。
進化論的には針葉樹が先に誕生したといわれています。針葉樹の特徴は葉の表面積の狭さですが、「それでは効率よく光合成ができないじゃないか！」という問題意識から葉の表面積を広く進化させたのが広葉樹というのが通説です。ちなみに針葉樹は500種ちょっとですが、広葉樹は20万種以上もあります。

2

広葉樹の**チークで家を建てたら**カッコよさそうですけど…

チークは太くて長い材が取れないので、建物を支える構造材には向きません。
ですから、建物のすべてをチークでつくるというのはなかなか難しいですね。

3

花粉症の私にとってスギは天敵です。どうして**日本は**あんなに**スギばかり**生えているのですか！

ごめんなさい、日本政府に代わって謝ります。日本にスギがたくさん生えているのは戦後の復興期に**たくさん植林**（400万ヘクタール！）をしたからです。そのときは、まさか花粉症が「国民病」になるとは思ってもみませんでした。ごめんなさい。

4

針葉樹で家具をつくることはできないのですか？

できます。
ただ、針葉樹は軟らかいので、広葉樹と同じ太さ（寸法）でつくると強度が弱く、イスだったら座っている間に脚が折れるかもしれません。針葉樹をそのまま使うなら脚や背を**太くする**必要があります。あるいは、木に圧縮をかけて繊維の密度を上げるなどの加工を施す必要があります。

オススメの樹種

フローリングの「張ってはいけない」

The do-s and do nots
on wood flooring.

身

体にはたくさんのツボがあるといわれています。なかでも足の裏は「第二の心臓」と呼ばれるほど、全身のツボが集中している個所《かしょ》。足裏のツボを押せばカラダの悪い部分が分かるそうですし、上手に刺激すればその回復が促されるといいます。であるなら……足の裏が常に触れている床は、われわれの健康を左右する「静かなる整体師」ということになりはしないでしょうか。

木の家の床といえば、これはもう無垢板《むくいた》のフローリングにトドメを刺します。どの木を選ぶかは足の裏に訊《き》いてみてください。ただし、「椅子に座る生活が主か」、「床にぺたんと座る生活が主か」で、選択肢は大きく変わります。「私は洋風だから椅子派かな？」という人、ご注意を。そう言いつつ、つい床に座ってテレビを見ている人が多いのではないでしょうか。椅子用のフローリングに長く座っていると、お尻が痛くなりますよ。

あなたは
どのフローリング？

椅子に座るか、床に転がるか……
さらにその先には「どの樹種にするか」という難問が。
大いに悩みながら床材選びを楽しんでください。

■椅子に座るスタイルなら

【ナラ】 広葉樹界のユニクロ

濃くもなく薄くもなくちょうどよい色合いで
万人受けするナラ。安価で入手も容易なので、
多くの木の家で使用されています

【メープル】 白組の代表選手

床を白色系でまとめたいときに重宝します。
あらゆるインテリアのパターンになじみやすい。
比較的安価なものもあり、入手も容易です

【カバ】 上品なオトナの雰囲気

赤身《あかみ》と白太《しらた》の色差が大きいのですが、白太だけの
板を揃えれば大人しい柔らかな雰囲気になります。
赤身の混ざり具合で印象がずいぶん変わる木です

【チーク】 キングオブフローリング

床材の王様です。耐摩耗性《たいまもうせい》に優れるため土足での
使用も可能で、ヨットの甲板などにも使われます。
日本では採れないので輸入材に頼ることになりますが、
過去の伐採で品薄になっており、入手が難しいのが弱点

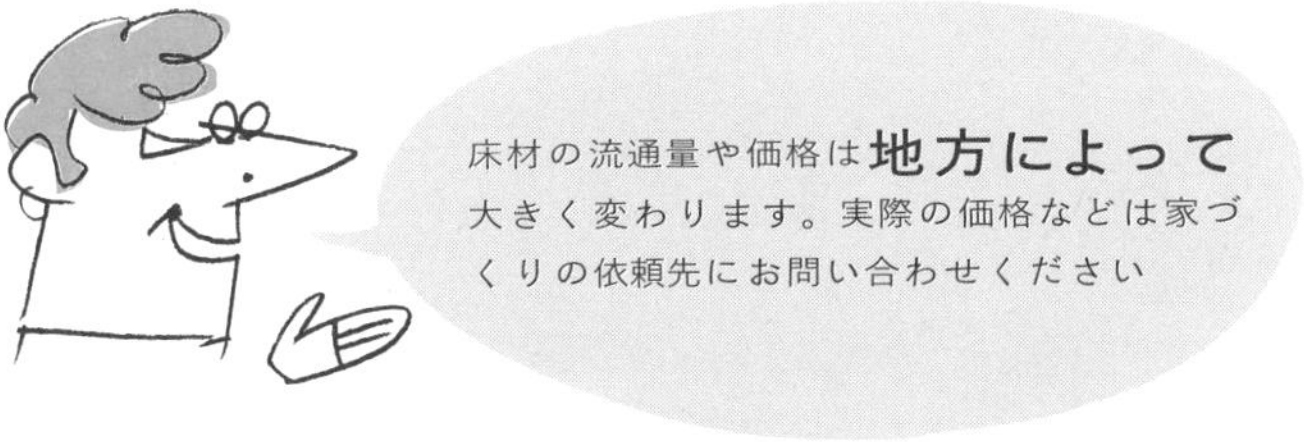
床材の流通量や価格は**地方によって**
大きく変わります。実際の価格などは家づ
くりの依頼先にお問い合わせください

■床に座るスタイルなら

【スギ】 針葉樹界のユニクロ

節《ふし》の多いスギは価格の安さと入手のしやすさで人気です。
針葉樹で一番ともいえる軟らかさは触れた瞬間のぬくもりを
もたらしますが、その代わり傷がつきやすいという弱点も。
「床なんて傷がついて当たり前」と思える人にはおすすめです

【マツ（アカマツ）】 ベテランの風格

日本では古くからおなじみの床材で、強度が高く
樹脂分も多いので耐摩耗性に優れます。節があるものなら
比較的安価で入手も容易。経年変化で現れる飴色《あめいろ》は、
他には変えがたい魅力です

【カラマツ】 マツはマツでも

節の多い樹種ですが、ほかの針葉樹に比べると節の色が
薄いので、木目とうまく調和してあまり目立ちません。
比較的安価ですが、ヤニが出やすいので、あらかじめ
ヤニ抜きをした「乾燥材」を使うとよいでしょう。経年変化
によりかなり濃い色に変化するので、注意が必要です

【ヒノキ】 キングオブフローリング（日本代表）

最初の白っぽさが、経年変化で飴色に変化します。
節のない、木目の美しいものは高価ですが、
節があるものは比較的安価で、入手も容易です

張り方はどれにする？

フローリングの張り方にはいくつか種類があります。
もちろん、張り方しだいで部屋の印象は変わります。
手間がかかる張り方は当然コストに跳ね返りますが、
ひと部屋くらいこだわりの張り方にしても
面白いかもしれません。

【乱尺《らんじゃく》張り】 広葉樹の必然

長さの短い板を有効に使う張り方です。板の継ぎ目が揃うと
板どうしの押さえが効かず木が反りやすくなるので、
なるべく継ぎ目が揃わないように張ります。長さがまちまちで
継ぎ目を乱す、だから乱尺。長い板の取れない広葉樹で、
木目のきれいなものを使います。
ただ、短い板を数多く張るのは
手間がかかりますから、最近は
あらかじめ工場で板を継いでいる
「ユニ」と呼ばれる加工品も
売られています

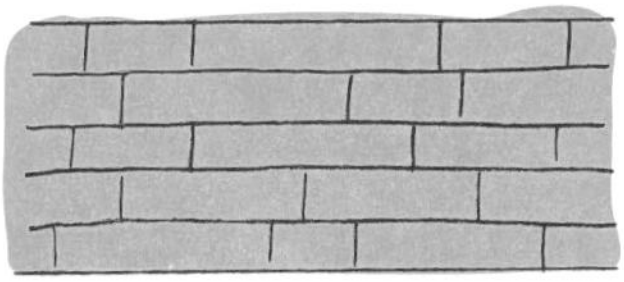

【ヘリンボーン張り】 あいだを取って

最近はやりの「ヘリンボーン」は、ちょっとおしゃれな張り方。
短めの板材をうまく模様にしています。「ヘリンボーン織り」という生
地でも有名な柄ですが、開きにした魚の骨に形状が似ていることから
「ニシン（herring）の骨（bone）」
という意味の名前なんだそうです。
同じヘリンボーンでも、平行四辺形
の材を山形に並べる「フレンチヘ
リンボーン」は手間がかかるので、
希望する場合は予め大工さんに相談
しておきましょう

フレンチヘリンボーン

ヘリンボーン

【長尺《ちょうじゃく》張り】 ザ・スタンダード

できるだけ長い板を使って板と板の継ぎ目を少なくする張り方です。
継ぎ目が少ないのですっきりした印象になります。広葉樹は長い板を
取るのが難しいので、主にスギやマツなどの針葉樹が使われます。
といっても4mや3mなどあらかじめ長さは決まっていますが…。
部屋の大きさによっては、張り方を間違えると無駄が出ることに

【斜め張り】 ムダは出るけど…

部屋の壁に対して斜めに張る「模様張り」の一種です。
板が斜めに張ってあるだけでインテリアの雰囲気は大いに変わります。
長尺の板を張るときれいですが、短い板でも雰囲気は出ます。
洋館など、どちらかというと
外国の建物に多く見られます

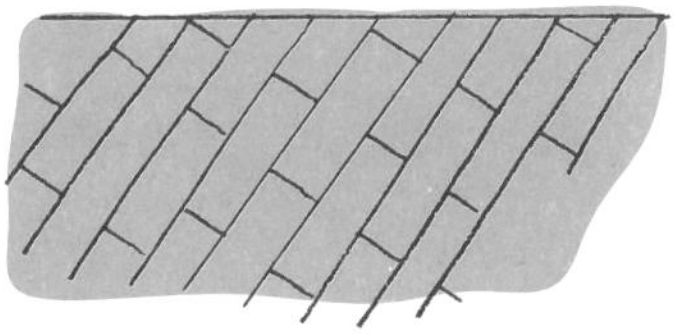

【寄木《よせぎ》張り】 ほとんど工芸品

小さくブロック状にした木片で模様をつくりながら張ります。
通常、接着剤を使用して張るのでコンクリートの上などにも
直接張ることができます。そのため、土足であがる土間などにも使われ、
その場合には、広葉樹でもかなり硬めの樹種が適しています。
斜め張り同様、日本にはあまりない
張り方で、どちらかというと木製
タイルの床に近いイメージです

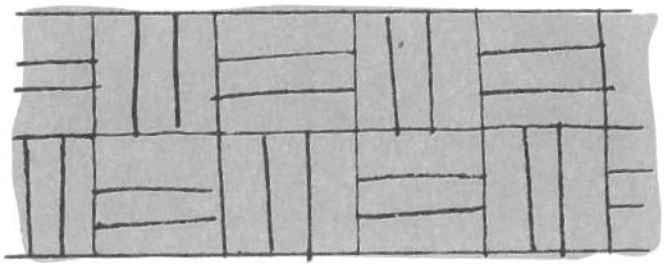

フローリングは厚いほうがよさそうだが…さて？

同じランニングシューズでも靴底の厚いものを履くと地面に着地したときの衝撃はソフトです。無垢板《むくいた》のフローリングも、厚い板を使えばなんとなく足の感触がよくなるような気がしますが、コストなども気になるところです。

フローリングの板厚には9㎜、12㎜、15㎜、18㎜といろいろありますが、一般に流通が多いのは15㎜です。幅も75㎜、90㎜、100㎜、120㎜、150㎜といろいろですが、100㎜前後のものであれば品数が豊富です。真っ直ぐ太く育つ針葉樹なら幅の広い板が取りやすいですが、それでも150㎜以上になると割高になります。

さて、問題の足触りですが、これは厚さ15㎜以上と12㎜以下が分岐点で、わずか数㎜の差ですがずいぶんと違います。ただし、足触りにはフローリングの板を張る前の「下地《したじ》のつくり方」も大きく影響しますから一概に「板は何㎜以上がよい」とは言い切れません。

そんなわけで、樹種による違いはあるものの、足触り・コスト・入手のしやすさなどから総合的に考えるとフローリングのサイズ

は厚さ15㎜・幅90～120㎜のものであれば、選択肢が豊富でオススメできます。なお、足触りとは関係ありませんが、無垢板のフローリングは表面が汚れたり、傷ついたりしても表面だけ削ればきれいになりますので、あらかじめ削り代《しろ》を考えて厚めの板を使っておくという考え方もあります。

ところで、たまに「フローリングの張り方で部屋を広く見せられないだろうか」と聞かれることがあります。いい質問ですね。フローリングの板は、基本的に部屋の長いほうの壁に沿って張ると部屋が広く見えます。ただし、部屋の入口から床面を見たときの見え方にも左右されますので、必ずしもこの限りではありません。これ以外にも、大きな窓、よい景色の見える窓との位置関係でも張る方向のよし悪しは変わってきます。このあたりはケースバイケースですから、実際にフローリングを張るときがきたら、周りにいる詳しい人（設計者、大工さん）に相談してみてください。

生活様式は変えられない!?

テレビや雑誌の影響もあるのでしょうか。これから新しく家を建てようという人たちは、みなさん自分の生活様式を憧れの雑誌やドラマで見たようにしたいと考えます。そこで、ダイニングにはテーブルと椅子を置き、リビングには3人掛けのソファを置く。けれど、実際に家が完成して生活が始まると、気がつけばリビングに置かれたローテーブルで床に座ってご飯を食べていたり、ソファに背をもたれてテレビゲームをしていたり……それまでの生活に逆戻りしているのです。

『暮しの手帖』を創刊した名編集者・花森《はなもり》安治《やすじ》（1911〜1978）は、こんな言葉を残しています。「おそらく、一つの内閣を変えるよりも、一つの家のみそ汁の作り方を変えることの方が、ずっとむつかしいにちがいない」。家族の生活スタイルというのは、家が新しくなったからといってそう易々《やすやす》と変わるものではありません。わが家の生活様式や家族一人ひとりの好みなど、いま一度見つめ直したうえで、床材や家具選びに入っても遅くはないでしょう。無垢板のフローリングにダイニングテーブルのセットより、畳にちゃぶ台のほうが落ち着くという人はいくらもいるのですから。

壁・天井のオススメ

壁や天井にも木を張ると、室内は一気に木の家らしくなります。どんな木を張るかは、あなたの趣味で選んで構いません。カラダが直接触れない分、フローリングほどシビアな要求はありませんので。

節《ふし》と木目《もくめ》がテイストを決める

壁に張る木の板は「節のない柾目《まさめ》」と「節の多い板目《いため》」では部屋の雰囲気がまったく異なります。もちろん価格も雲泥《うんでい》の差。壁は床以上に目に触れやすい個所ですから、たとえば、安いからといって節の多いスギ板を張ると、一気に「山小屋風の家」が出来上がってしまいます。節と木目の存在感を十分計算に入れたうえで、使う木と使う場所をお選びください

神は小さな目地《めじ》に宿る

節や木目も大切ですが、壁や天井に張る板は、
「目地」の取り方でも雰囲気が変わります。
目地とは板と板の間のわずかな隙間のこと。
この幅や形のちょっとした差が部屋の印象を
大きく変えるのです。

【V目地】 ピンストライプ

板の側面を斜めにカットして（『面を取る』といいます）、
それを並べることでV字型の溝をつくります。
仕上がりの印象はシャープで、平滑な板に陰影を生み出します。
板の流通量も多い、最も一般的な張り方です

【底《そこ》目地（目《め》透《すか》し）】 板の存在感アップ

板と板の隙間をわずかにあける張り方。目地の陰影が深くなります。
隙間の間隔を広げれば、板一枚一枚の存在感がさらに大きくなります。
V目地と組み合わせれば、柔らかい印象を与えることも可能です

【眠り目地】 つながれば大きな板に

目地を取らずに板どうしをぴったりとくっつける張り方。
柾目《まさめ》の板を眠り目地で張ると継目の存在が薄まり、
一枚の大きな板のように仕上がります

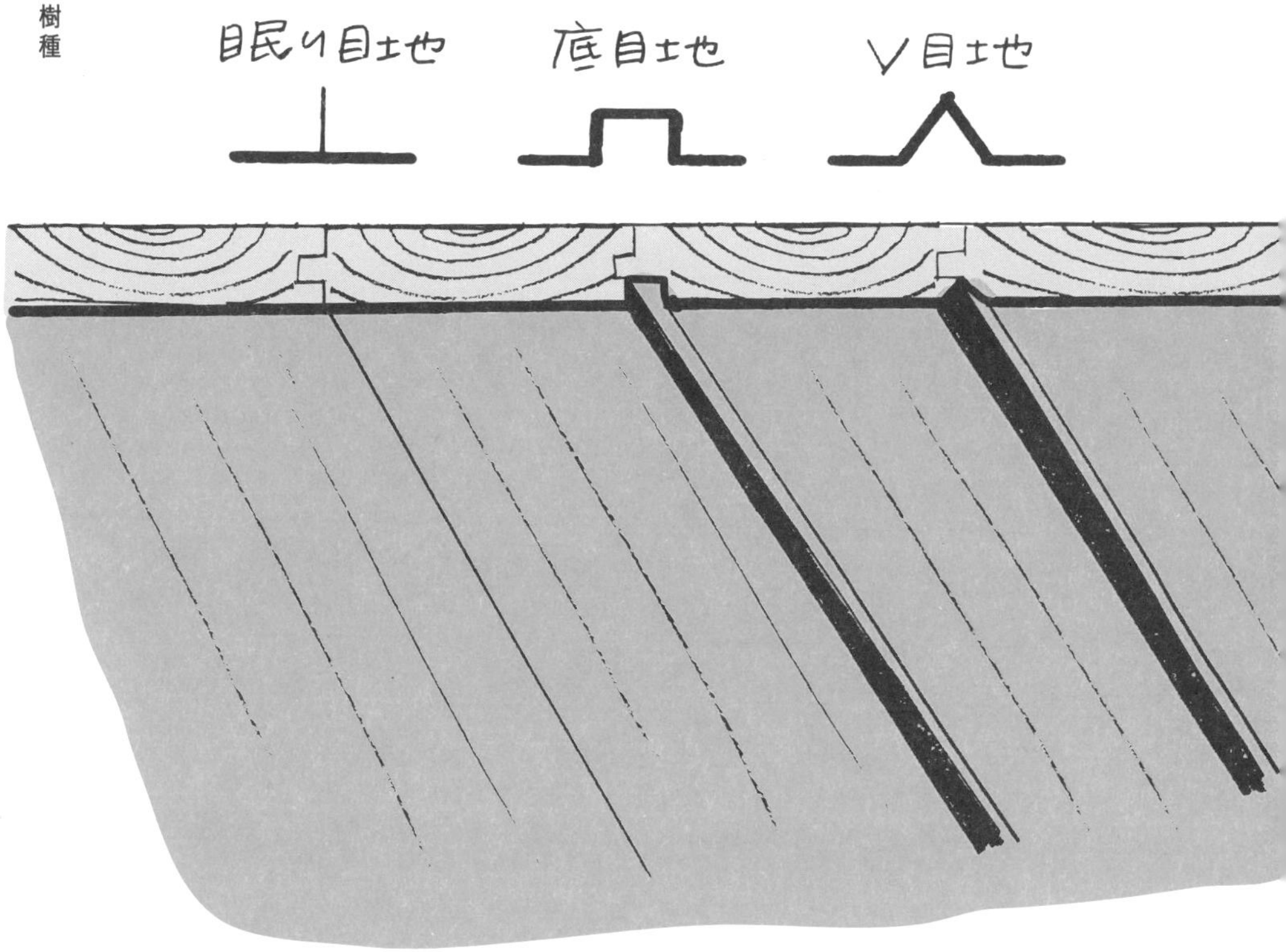

そういえば、壁に張るなら板は**横**に張ったほうが**安上がり**です。横方向なら柱の上にそのまま板を張れますが、縦方向になると板を張る前に「胴縁《どうぶち》」という下地を柱の上に付けなければなりません。だから、縦張りは大工さんの手間賃がちょっと上がります

外壁には強者《つわもの》で挑《いど》め！

外壁は風雨にさらされる過酷な場所ですので、
木の板を張るならそれなりの猛者《もさ》を
配置したいものです。

【焼きスギ】 これぞ世紀の大発明！

スギ板の表面を火であぶって炭化《たんか》させます。
すると、雨がかかっても腐りにくく、害虫も寄り付かない、
木のくせに50年くらいメンテナンスフリーという夢の外壁材が
誕生します。それが焼きスギ。関西圏が発祥の地とされ、
京都の町家《まちや》の外壁によく見られます。塩害にも強いので、
海辺に建てる木の家には超オススメ。価格も安い！

【カラマツ】 水にはアブラが効くんです

木の内部から浸み出す樹脂が雨をはじいてくれます。
昔はクセが強く暴れやすい（曲がりやすい）
木として有名でしたが、現在は高温乾燥処理
などの技術によりずいぶんと
使いやすくなりました

【スギ】 ナマでもいけます

焼かないスギも外壁に使えます。風化しますし、寿命もありますが、
実は結構強い木です。腐りにくい赤身《あかみ》の部分を使うとよいですが、
その場合は価格が少々高めになります

木の外壁には**風通しが必須**。風通しの悪い住宅密集地などではカビが生えやすくなるので、「強い木」でも張るのはやめたほうが賢明でしょう

タテかヨコかナナメか?

外壁の板は張る方向も家全体のテイストに
かかわってきます。多いのは横張りですが、
縦張りも悪くはありません。ちなみに斜め張り
というのは、かなり特殊な例です。

【縦張り】 モダンな装い

室内の壁と張り方は同じですが、張る前に「横胴縁《よこどうぶち》」を打つ工程が
必要ですからちょっと手間がかかります。でも、縦張りは珍しいので
街並みのなかでは印象的に映ることでしょう。目地の取り方でも
家全体の印象が変わってきます

【横張り】 南京とかドイツとか

板どうしを下から30㎜程度重ねて張っていきます。重なった板が西洋の甲冑のようになるものを、「南京下見板張《なんきんしたみいたば》り」または「イギリス下見板張り」といいます。この上から「押縁《おしぶち》」という棒状の木を留め付けたものは「押縁下見板張り」といい、昔から日本の家屋に多く使われてきました。似たような張り方で、板の重なる部分をしゃくって外壁を凸凹させない「ドイツ下見板張り」という方法もあります

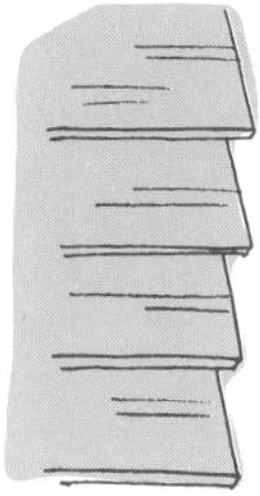

南京下見板張り

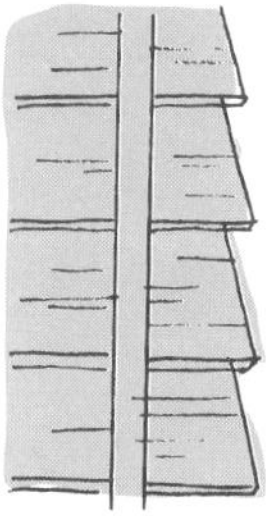

押縁下見板張り

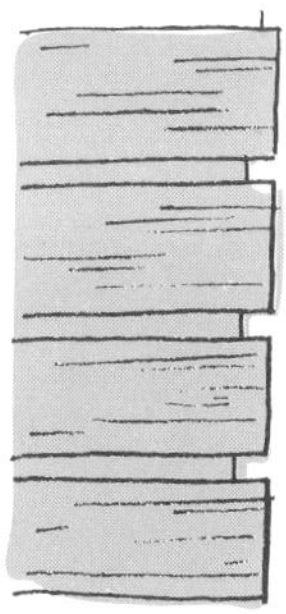

ドイツ下見板張り

デッキテラスには この1枚を

木にとって最も過酷な場所ともいえる屋外のデッキ。
外壁以上の強さをもつ木でなければ
大役は務まりません。

■ デッキテラスに張るなら

【クリ】 外廻り最強説

外壁に当たる雨は下に流れて地面に消えますが、デッキテラスは降る雨を真正面からドンと受け止めなくてはなりません。そこで耐水性、耐久性に優れた木として重宝されるのがクリの木です。かつては線路の枕木に使われていたくらいですから、その強さは折り紙つき。デッキは裸足で歩くこともありますから、木が毛羽立ってトゲが刺さるなんてことはNG。その点、クリは毛羽立っても軟らかく、刺さらないので平気で歩くことができます。ただし、時間が経つとタンニンという黒い汁が出てくるので、見た目にはちょっと汚く感じられるかもしれません

【レッドシダー】 海外から召集

日本ではベイスギとも呼ばれるヒノキ科の針葉樹で、その耐久性は針葉樹随一といわれています。シロアリなどが嫌う殺菌成分（フィトンチッド）やカビ・ダニの繁殖を防ぐアルカロイド、虫の動きを弱らせるヒノキチオールなどの成分を多く含むため、殺菌力、防虫力も折り紙つきの強さです

ちなみに、**尾瀬《おぜ》**の木道《もくどう》は**カラマツ**で出来ています。カラマツは炭鉱の坑道を支える柱として使われていたこともあり、折れにくく、腐りにくい木として有名です

水廻りに張るなら

【ヒバ】 青森が有名

クリの木と同様、昔から建物の土台に使われるほど耐久性があります。
この木から採れる油が「ヒバ油《ゆ》」で、独特の香りがある精油です。
国産材なら青森ヒバや能登ヒバ（『あて』と呼ばれています）が有名です。
海外生まれのベイヒバも良いですね

【サワラ】 浴室の壁に

棺桶《かんおけ》にもよく使われる木で、心情的に忌み嫌う人もいますが、
水廻りで使う木としては大変優秀です。価格もそれほど高くありません。
特有の香りは好き嫌いが分かれるところですが…

木はどこから腐るのか？

木の弱点は腐ること。そう思っている人は多いでしょう。はい、腐ります。こればかりはどうしようもありません。なにせ木は生き物ですから、紫外線にも弱いです。が、それは鉄やコンクリートも同じです。

では、木に薬剤《やくざい》を塗ったり浸透させたりして防腐処理《ぼうふしょり》を施せば腐らなくなるかというと、事はそう簡単には運びません。塗装といっても木の表面を薄く覆うだけですから、何年か経てば効果は確実に落ちます。薬剤を木の内部に浸透させれば多少効果は上がりますが、これで万全というわけでもありません。

そもそも、木は木材腐朽菌《ふきゅうきん》という菌類が木の成分を分解することで腐ります。こうした菌類が大好きな環境はカビと同じ、高温多湿な世界です。たとえば木が腐りやすい場所として有名なデッキテラスですが、デッキテラスの腐ったところをさらに細かく見ていくと、たいていは木に打ち付けた釘の周りから腐っています。釘を打った部分は周囲より若干凹《へこ》んでいるので、そこに雨水が溜まり、腐朽が一気に進むのです。怖いですね。

木が腐るのを防ぎたければ、釘穴一つたりとも腐朽菌が繁殖しやすい環境をつくらないこと。すなわち、風通しをよくし、水が溜まりやすい部分をなくす以外に方法はありません。

なお、90ページでデッキテラスのオススメとしてご紹介したクリですが、国産のクリの木は建築関係者の間でも一般にあまり流通していないと思われているようです（主に中国産が多い）。しかし国産材をメインに扱っている専門店に聞くと、まったくないわけではないとのこと。デッキテラス程度であれば国産のクリやヒバの木はまだまだ手に入るようです。

木の家に住むって、
植物を育てるようなものですね。

それなりに手を掛けてやらないと、
すぐに枯れてしまいそうです。

だから愛着も湧くし、
住んでいて楽しいのでしょう。

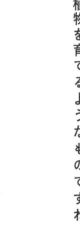

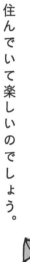

ところで、ナミキさんは
実際に木の家を建てるとしたら
誰に工事を依頼するおつもりですか？

誰に依頼……？

そういえば、
みんなどうやって
木の家を建てたのかしら？

第3話
わたしの家をつくるのは誰？

episode.3

Who is going to build
my house ?

誰に頼むか?

パートナー選びは一生の問題

Choosing partners goes a long way.

その昔、女性が結婚相手に求めた条件は「3高《こう》」。そんな時代がありました。高学歴、高収入、高身長。それがいまや時代も変わり、「価値観が合う人であれば……」が1位だそうです。

家づくりも同じ。依頼先は、ざっくり言えばハウスメーカー、工務店、設計事務所のいずれかになります。それぞれに強み・弱みがありますので、あなたにとってベストなパートナーを、よくよく吟味して見つけることが大切。特に木の家は、一般の家づくり以上につくり手に知識と経験が求められますので、見た目だけで「結婚」すると不幸な結果を招きかねません。画一的なハウスメーカーは別としても、木の家を手掛ける工務店や設計事務所もピンからキリまで。サービスやデザインがよくても、肝心の木の知識に疑問符が残ることが少なくないのです。さあ、どんな「婚活」をしていきましょうか。

[依頼先①]

ハウスメーカー 性能第一

それなりの大企業であるという安心感は
絶大ですが、本物の木の家に住みたければ
他を当たったほうがいいかもしれません。

主に集成材《しゅうせいざい》を使用します

ハウスメーカーが提供する木の家では、
ほとんどの場合、柱や梁といった骨組みに
商社を通して入手しやすい
「集成材」を用います［192頁参照］。
また、フローリングや壁、天井の木に
メンテナンスが必要な無垢材は、原則として使いません。
なかには、木の家っぽくみえる鉄骨造もあったりします

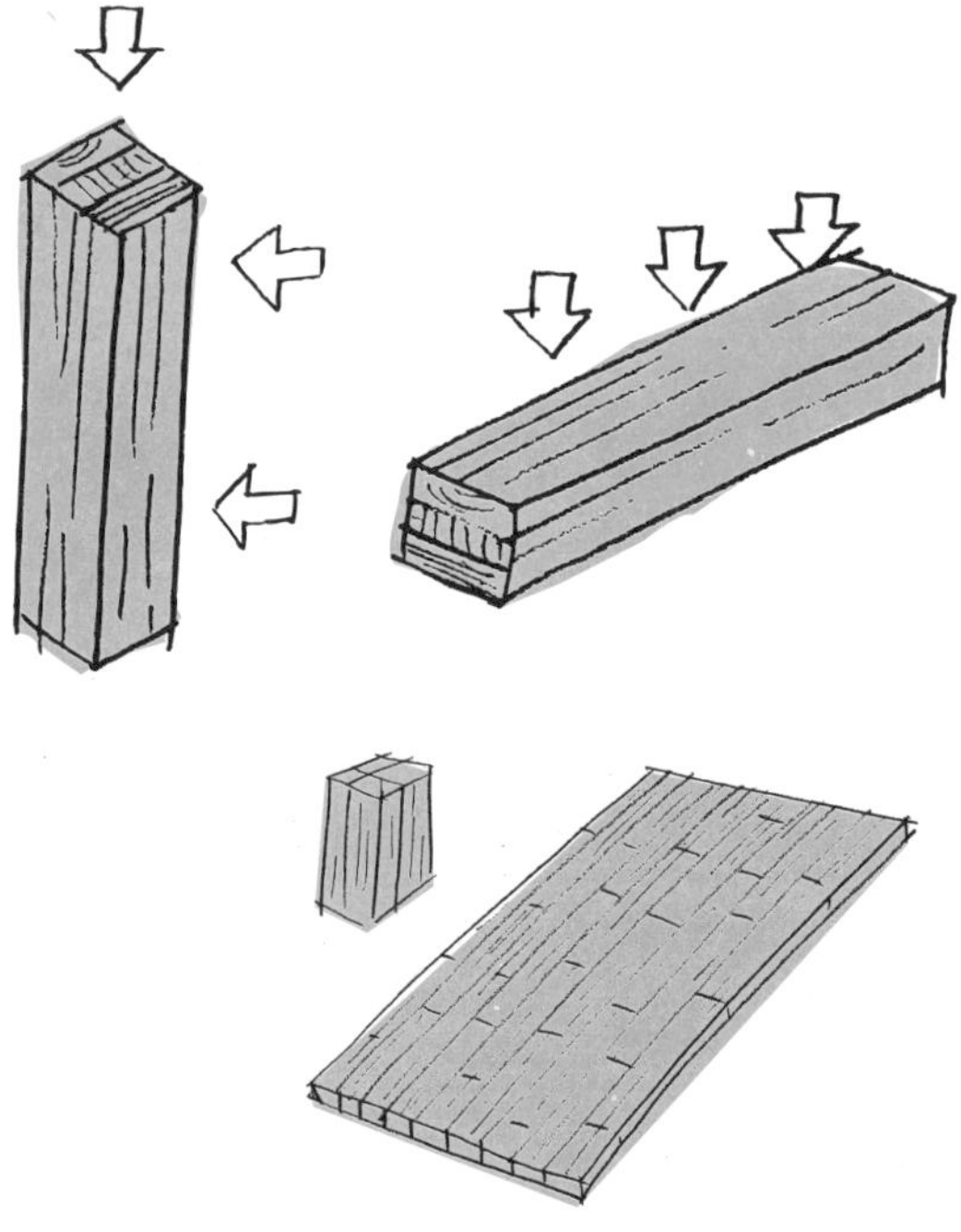

デザインは画一的

間取りや外観などはあらかじめ決められたバリエーションのなかから選ぶことになるので、私だけのこだわりの家は難しいかもしれません。営業マンが設計者を兼ねている場合も多く、細かな注文を重ねていくと割高になることも

価格は高め

一企業としての広告や研究開発費などが価格に反映されてくるため、どうしてもお値段は高めになります。その一方、俗にビルダーと呼ばれる会社があります。彼らはハウスメーカーと同じような営業形態ですが、画一的な住宅をたくさんつくることで価格を抑えているのが売りです

[依頼先②]

工務店 なんとなく和風寄り

腕に覚えのある職人さんが本格的な
木の家を建ててくれます。
…と言いたいところですが、現実には
会社によって大きな実力差があります。

木の知識は会社によりけり

地域密着型で国産の木を積極的に使っている
会社もあれば、どこの木を使ったって同じでしょ？
という会社まで、木の家に対するスタンスは
会社によって全然違います

和を尊ぶ傾向にあり

木の家を売りにしている工務店は、
どちらかというとデザインが和風寄りです。
先輩の大工から受け継いだ匠の技術は確かでしょうが、
ついでに受け継いだデザインセンスも
昔の価値観で止まりがち。
「この部屋はカフェ風に」と
頼んでも、怪訝な表情で
返されるおそれがあります

価格は低めの傾向

価格はハウスメーカーとビルダーの間ぐらい。
アフターサービスもしっかりしていて融通がききます。
木の家は建てた後のメンテナンスが大切ですから、
サービスの充実している会社なら安心できますね

[依頼先③]

設計事務所 これぞピンキリ

建築家だからなんでも設計できる
と思ったら大間違い。デザインもセンスも知識も
人によってかたよりがあります。

木造なんて知らないという人も

木の家に対する知識は工務店同様、
会社（設計者）によってピンキリです。
なかには木の家なんてつくったことがない
という人もいます。木造の設計は大学の
建築学科でも詳しく教えませんので、
大学を卒業後、鉄筋コンクリートのビルばかり
設計していたような人なら、木の家について質問しても
期待する答えはおそらく返ってこないでしょう。
建築家のセンセイだからといって、
何でもできるわけではありません

デザインはわりと自由

設計事務所の多くは自社で手がけた住宅の写真をホームページで公開しています。それらを見て自分のイメージする家と同じテイストだと思えばまずは相談から。最初の相談は無料としているところも多いようです。ただし、人によっては家のことを「作品」と呼び、自分の設計を住まい手に押し付ける芸術家肌の人もいますのでご注意を

コストは設計者による

設計者によって、ローコストが得意な人、高級な邸宅が得意な人、どちらも得意な人、さまざまです。ただ、いずれにしろ経験の少ない設計者がつくる木の家は細かなトラブルが発生しがちなので、なるべく経験豊富な人にお願いしたほうが無難でしょう

依頼先を選りすぐる
キラークエスチョン

では、具体的に依頼先を選定する方法をお教えします。
世はネット検索の時代。まずはインターネットで
あなたのイメージする木の家をつくれる会社
（設計者）が近くにないか検索してみましょう。

こんな「検索ワード」でチェック！

木の家　国産材　（地域名）　検索

木の家　無垢材　（地域名）　検索

プレカット　スギ材　（地域名）　検索

プレカット　手刻み　（地域名）　検索

木の家　悪い点　（地域名）　検索

「わが社は木の家が得意です」と標榜していながら、
Webサイトで紹介している実例だけではわからないのです。
会社の評判、利用者の感想など、よい情報も悪い情報も
事前の検索・調査でしっかりふるいに
かけておきましょう

こんな質問をしてみよう！

パートナー選び共通一次試験

Q1）御社の家はどこの木を使って建てていますか？

模範解答

なるべく国産の木を、それもできるだけ建設地に近いところで育った木を使いたいと思っています。ただ、家一軒分の木をすべて近場の木でまかなうのは難しいのが実情ですね。もちろん、部分的には輸入材を使ったほうがデザイン的にいい場合もありますから、そのあたりはいくらでもご相談に応じられますよ。

▶ どこの木を使っているか関心を持っているかどうかがポイント

Q2）天然乾燥と人工乾燥はどちらがよいのですか？

模範解答

どちらがよいか、一概には言えません。環境面を考慮すれば化石燃料を使用しないで乾燥させる天然乾燥がよさそうですが、木材の流通事情を考えると天然乾燥の木は製品化するまで時間がかかるうえ、含水率《がんすいりつ》などの品質管理も難しいです。

▶ 木の品質は乾燥方法が大きく左右します。乾燥について自分なりに意見をもっている人ならひとまず安心できそうです

Q3）ヤング係数はいくつならいいのですか？

模範解答

木を使う場所によって必要な強さは変わってきます。当然、必要なヤング係数も変わってくるのですが、強い木もあれば弱い木もある。適材適所で使い分ける工夫が必要です。

▶ ヤング係数とは木の強度を示す指標の一つ（200頁参照）。まさか知らないということはないでしょう

検索による調査には限界があります。最後はやはり
直接会っていろいろな話をしてから決断しましょう。
目星をつけた相手と会う約束ができたら、
折りを見てこんな質問をしてみてください。
うまく答えられなければ減点ですね。
相手の化けの皮を剥がすキラークエスチョンです

木の家で起こりやすいトラブルと２つの予防法

「悪いのは明らかにアイツだ！」というトラブルなら、話も明快で解決の糸口も見つかりやすいのですが、「別に誰が悪いというわけではないけれど……」という煮え切らない揉《も》め事《ごと》は、意外と始末に負えないものです。木の家づくりで起こりがちなトラブルの多くは後者で、それゆえストレスも地味にたまっていきます。

言ったことが伝わらない

おそらく一番多いトラブルは、「言ったことが伝わっていない」です。そこから、「言った・言わない」の応酬へと発展し、最後は泥仕合に。

木の家は、一般の住宅に比べて建て主のこだわりが強く出やすいものですが、「全体的にこんなイメージかな」という漠然とした青写真は設計者

や現場の職人さんに伝わりにくく、結果として思い描いていたのとは違った家ができてしまうケースもあります。

なかでも困るのが腕に自信のある「木の家のことなら俺にまかせとけ系」の職人さんです。一般に腕のよい職人には、隅から隅まできっちり仕事をしないと気がすまない性格の人が多いものです。また、自分の腕に自信をもっていますから、建て主の要望を聞き終わるか終わらないかのうちに、「皆まで言うな、あなたのやりたいこと、俺は全部分かってっから」と粋《いき》な啖呵《たんか》を切りがちです。が、実のところ、あなたのやりたいことはほとんど理解していないことも……。職人さんの多くは流行のインテリアやファッションにはあまり関心がないので、「ここはもう少しラフな仕上がりに」とか、「わざとダメージっぽい感じで」などの、「きっちり」とは逆の価値観を持ち出されると、途端に思考が停止してしまいがちです。

こうした、言ったことが伝わらない系のトラブルを予防するには、まずは雑誌などに掲載されている写真をできるだけたくさん用意して、それらを見せながらこちらのイメージする木の家のかたちを伝えることです。そのうえで完成イメージのイラストなどを描いてもらったり、使用する材料のカットピースを見せてもらったりしながら、細かなところを一つひとつ確認していくとよいでしょう。

また、契約前のやり取りでこちらの話が相手に伝わっているか細かく確認してみることも大切です。たとえば、設計者でも営業の人でもよいのですが、最初に会って話をしたとき、「次にお会いするときまでに資料を用意しておきますから」とか、「あとでメールします」とか、小さな約束をしたらそれが確実に実行されているかチェックしてください。もし、「うっかり忘れていました」というような失態があれば、その人（会社）は、家づくりが始まって以降も必ずうっかりし続けるはずです。

大工の腕を見抜く法

もう一つ、木の家特有のトラブルとして挙げておきたいのが、「大工さんの腕が悪い系」のトラブルです。木という材料は相手が自然の生き物だけに、ちゃんと経験を積んだ人が工事をしないと、仕上がりが雑で完成後も小さな不具合が発生しがち

です。昔の大工さんは誰よりも木の性質について詳しく、深い知識をもっていましたが、いまは工場から運ばれた部品をネジで留めるだけの仕事しかしたことのない人も多く、そういう人が担当になったら大変です。

　こうした失敗を予防するには、当然ですが腕のよい大工さんに担当してもらうしかありません。彼らの技量の判断基準は、「自分で墨付《すみつ》け・刻《きざ》みができるか」「和室の造作《ぞうさく》ができるか」「階段の加工ができるか」の3つが代表的ですが、これらは素人には判断がつきません。ですからプロでないあなたは、あまり難しいことは考えずふらっと工事中の現場を見に行ってください。あなたが家づくりをお願いしようとしている会社に頼んで「現場を見せてもらう」のです。現場がきれいに片付いていれば、その大工さんの腕は悪くないでしょう――これが素人でも分かる大工さんの腕の見極め方です。逆に道具や材料が整理整頓されておらず、ゴミも散らかりっぱなしという現場であれば、その会社はオススメしません。雑な現場からは雑な家しか建たないのです。

現場がきれいな大工さんは総じて仕事も早く仕上がりもきれいです。そういう大工さんを雇っている工事会社もほぼ信頼が置けます。大工さんに限らず、身の回りの整理整頓ができないのは仕事ができない人の典型。あなたの周りでも思い当たるフシがありませんか？

プランニング

間取りに王道なし。だけど…

No set rules
for dividing rooms.

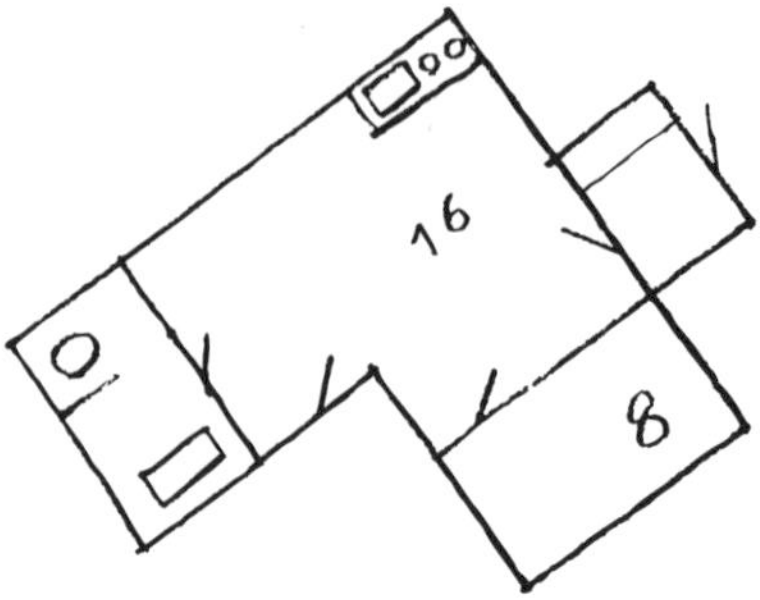

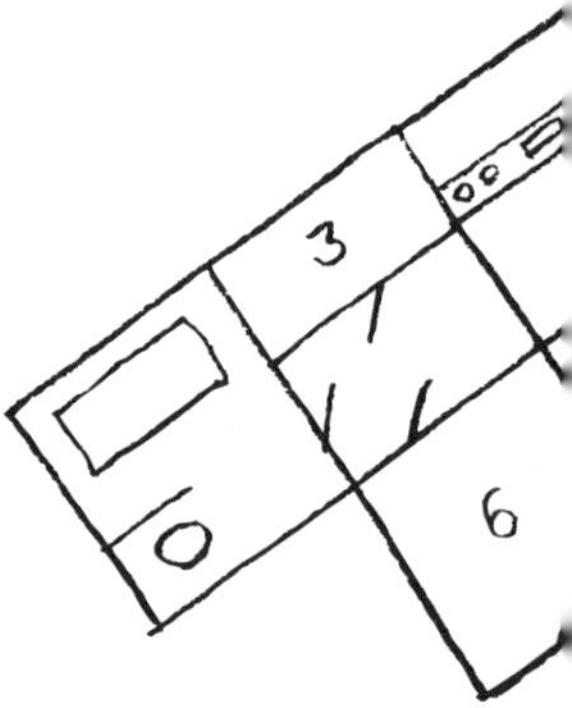

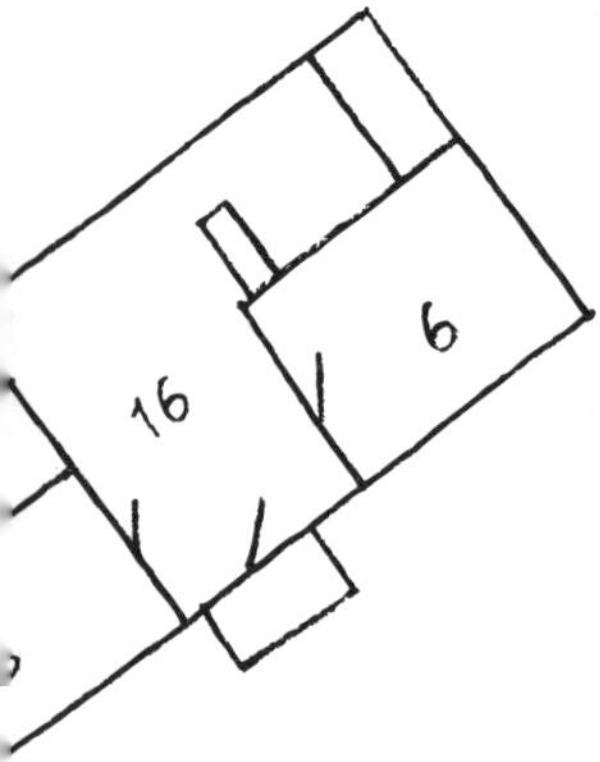

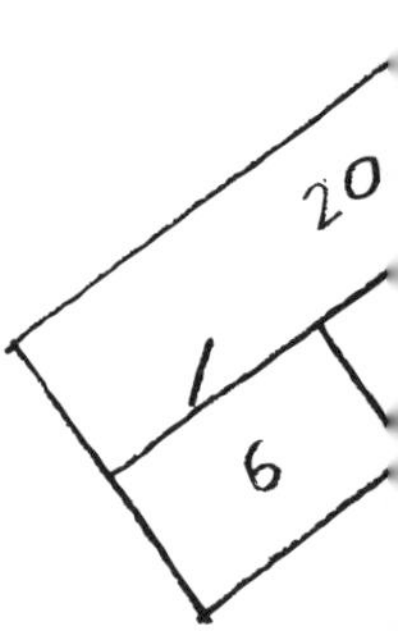

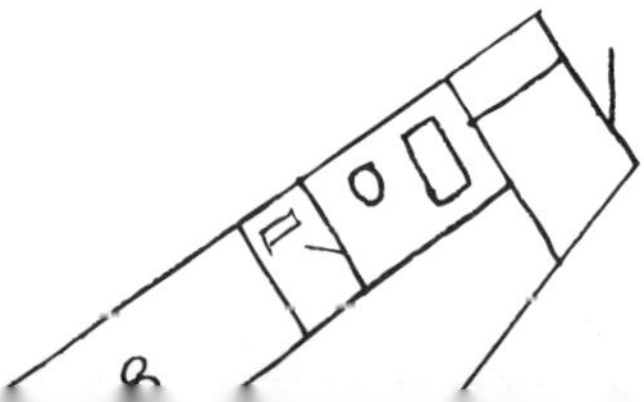

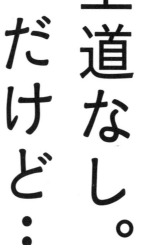

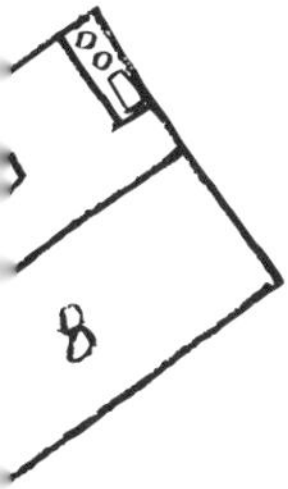

ユークリッド幾何学《きかがく》でおなじみの、古代ギリシアの数学者ユークリッドさんですが、彼がエジプトの王様に「もう少し簡単に幾何学を学ぶ方法はないものかね?」と問われ、「学問に王道なし」と答えたという逸話は有名です。後世のつくり話という説もありますが、それはそれとして、「もう少しスパッと答えが出ないものか」という苛立《いらだ》ちは、なにも王様だけのものではありません。

われわれも間取りを決めるのに苛立っています。リビングはもう少し広いほうがいいのではないか? ちょっと収納が足りないかも? ——間取りの悩みはどこまでも尽きません。

結論から言いますと、間取りにも王道はありません。だからといって好き放題やってよいかといえばそうでもない。というわけで、木の家のよさを最大限引き出す、長く住み継げる間取りのヒントをお教えします。

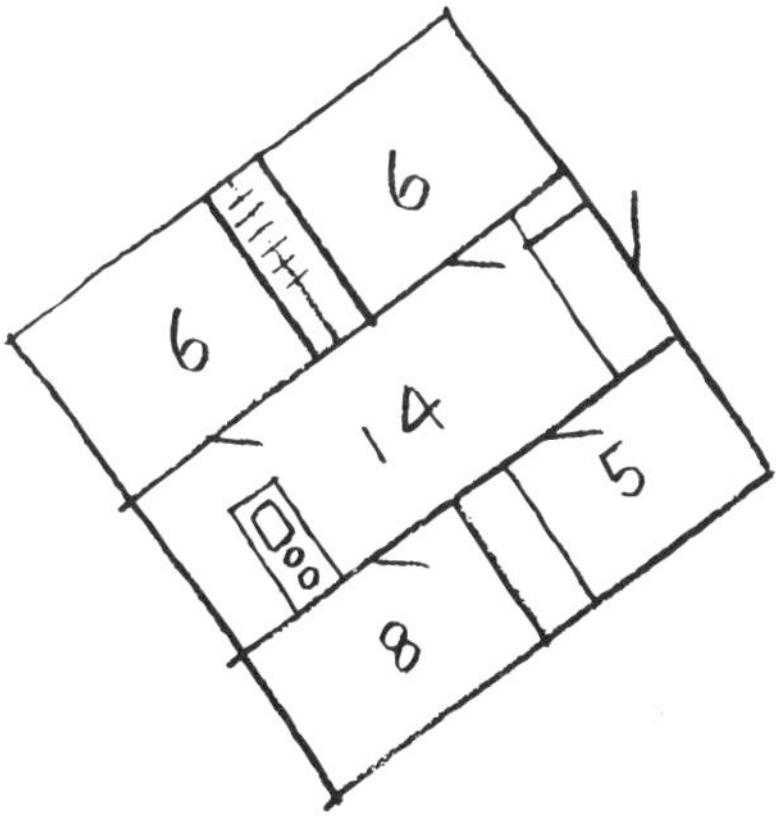

最初はこんな間取りで

大事なのは「長く住み続けられる」ことです。
生活の変化に柔軟に対応できる家を目指しましょう。
まずは、しっかりとした骨組みをつくることです。
しっかりとした骨組みだからこそ実現できる「可変性」が、
木の家の間取りの最大の魅力なのです。

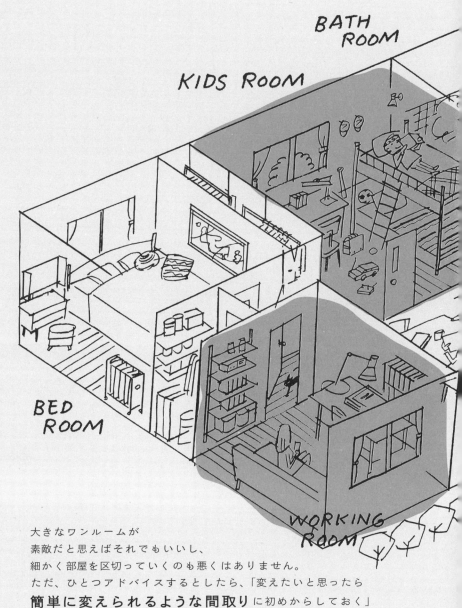

大きなワンルームが
素敵だと思えばそれでもいいし、
細かく部屋を区切っていくのも悪くはありません。
ただ、ひとつアドバイスするとしたら、「変えたいと思ったら
簡単に変えられるような間取りに初めからしておく」
ことです。

30年後はこんなかたちに

家の住人は歳月とともに構成が変わります。
子供が独立して出て行った、犬が1匹から3匹に、
おじいちゃんは天国へ…などなど。

対面式のカウンターを設置
SUN ROOM
テラスを第2のリビングルームに
ENTRANCE

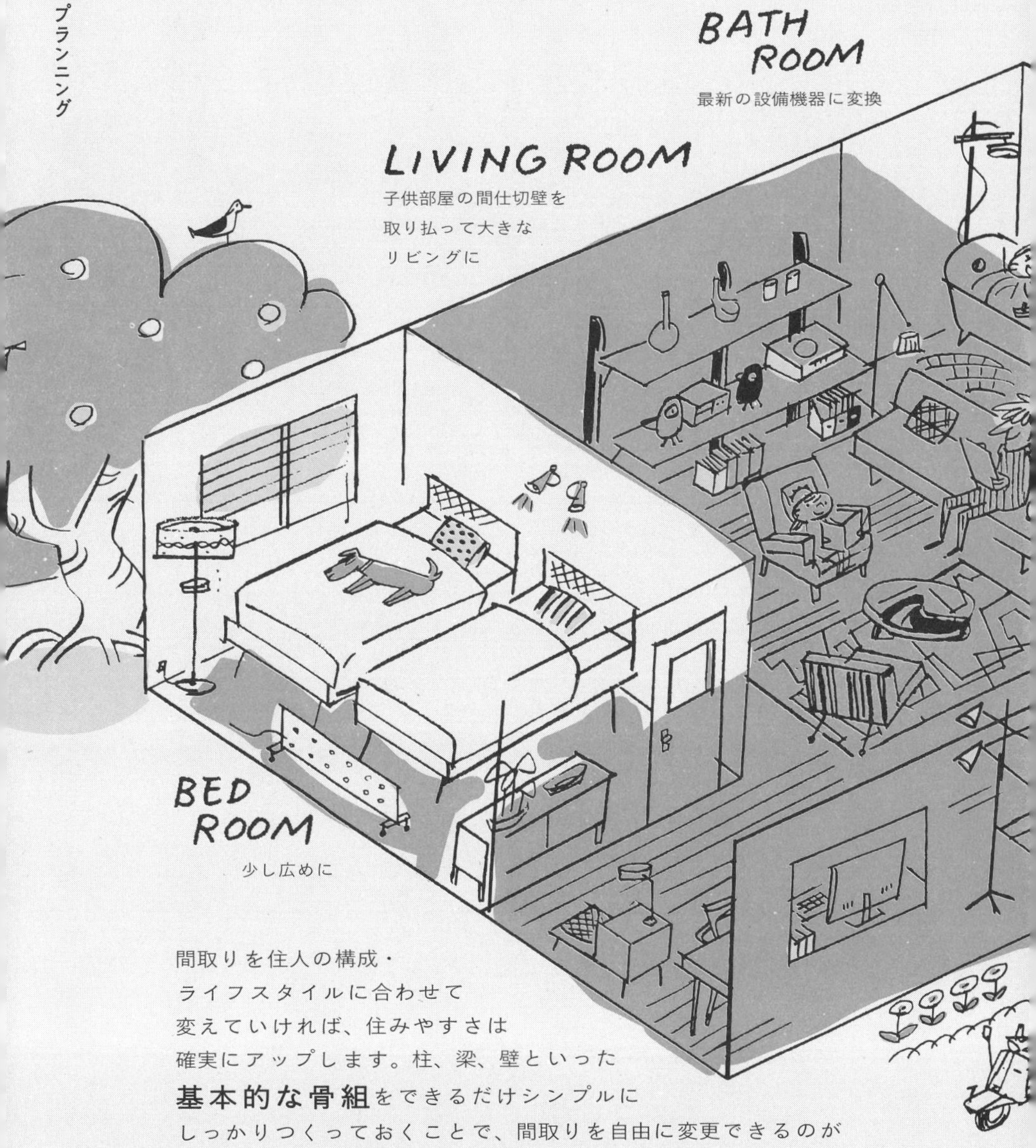

間取りを住人の構成・
ライフスタイルに合わせて
変えていければ、住みやすさは
確実にアップします。柱、梁、壁といった
基本的な骨組をできるだけシンプルに
しっかりつくっておくことで、間取りを自由に変更できるのが
木の家です。間仕切壁を取り払って大きなワンルームをつくる
のも、部分的に増築して一部屋増やすのも、少しだけお金を
かければすぐさま実現可能です。ということは、最初から
完璧な間取りを目指さなくてもいいのかもしれませんね。

高価格という誤解

木の家のお値段、おいくら？

How much does
a wooden house cost ?

かつて「檜普請《ひのきぶしん》」「栂普請《とがぶしん》」といえば、高級住宅の代名詞でした。関東ではヒノキ、関西ではツガ（栂）が高級な木材として知られ、事実、総檜造りのお屋敷などはずいぶんとお金がかかったはずです。

　さて、時代は下って現代の木の家。木をふんだんに使った家はいかにもお金がかかりそうですが、実はそうでもありません。建築費に占める木材の割合は、一般的に全体のおよそ20％以下です。では、何が家の価格を押し上げているのかといえば、ズバリ、人件費と設備機器です。人件費が高いのはどの業界も同じですが、このところ増えているのが、キッチン、トイレ、照明といった設備機器にお金をかける人たちです。

　でもどうでしょう。設備機器は時代とともに古くなります。かたや、木は時間とともに味わいを増していきます。いい家とは、どちらにお金をかけた家でしょうか？

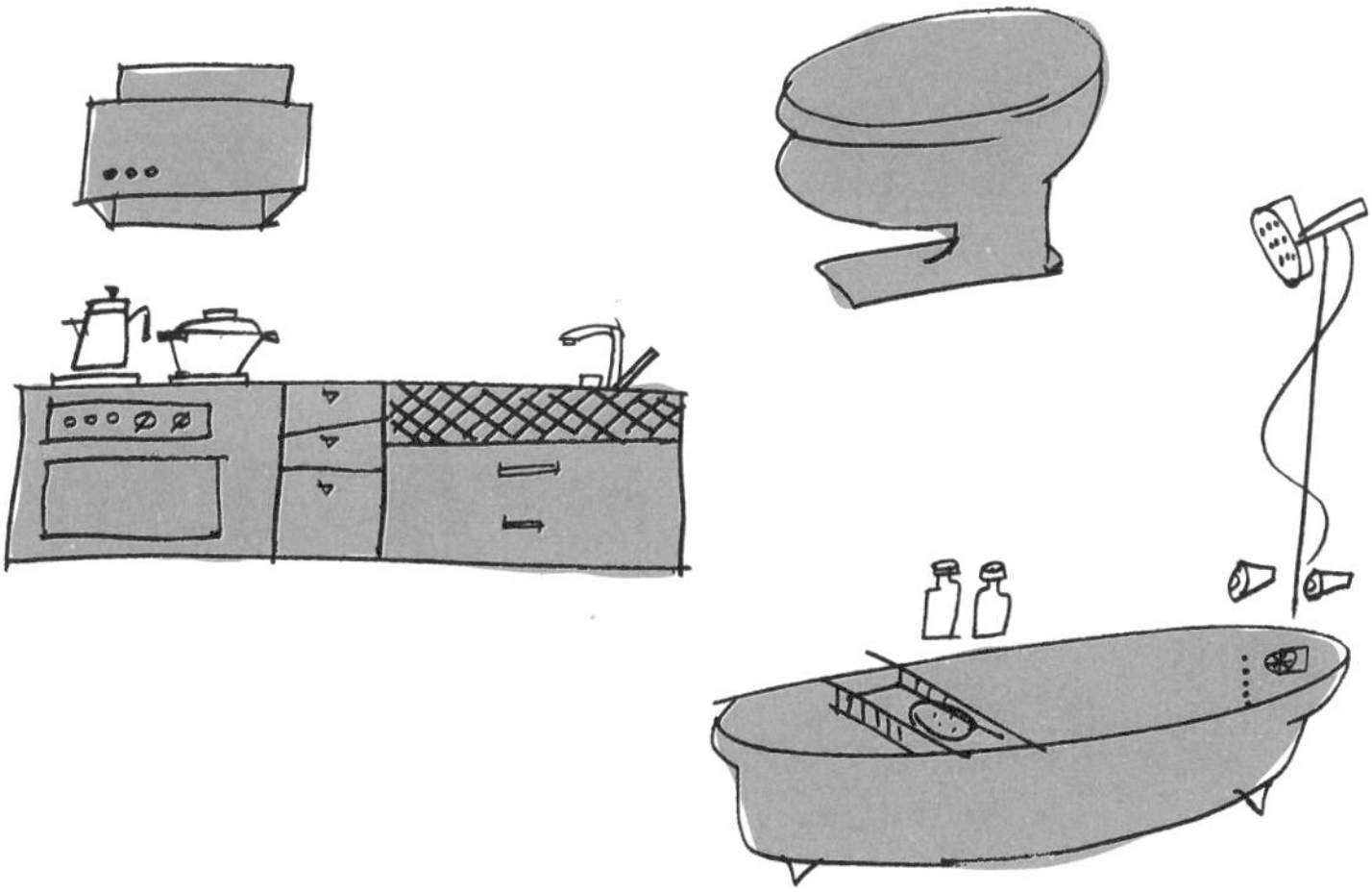

HOW MUCH?
シンプルな木の家

実際のところ、木の家は何にどれくらい
お金がかかるのでしょう？
30坪の家をシンプルにつくった場合の
金額を概算してみました（東京都の場合）。
＊工事価格は材料費込みの価格です

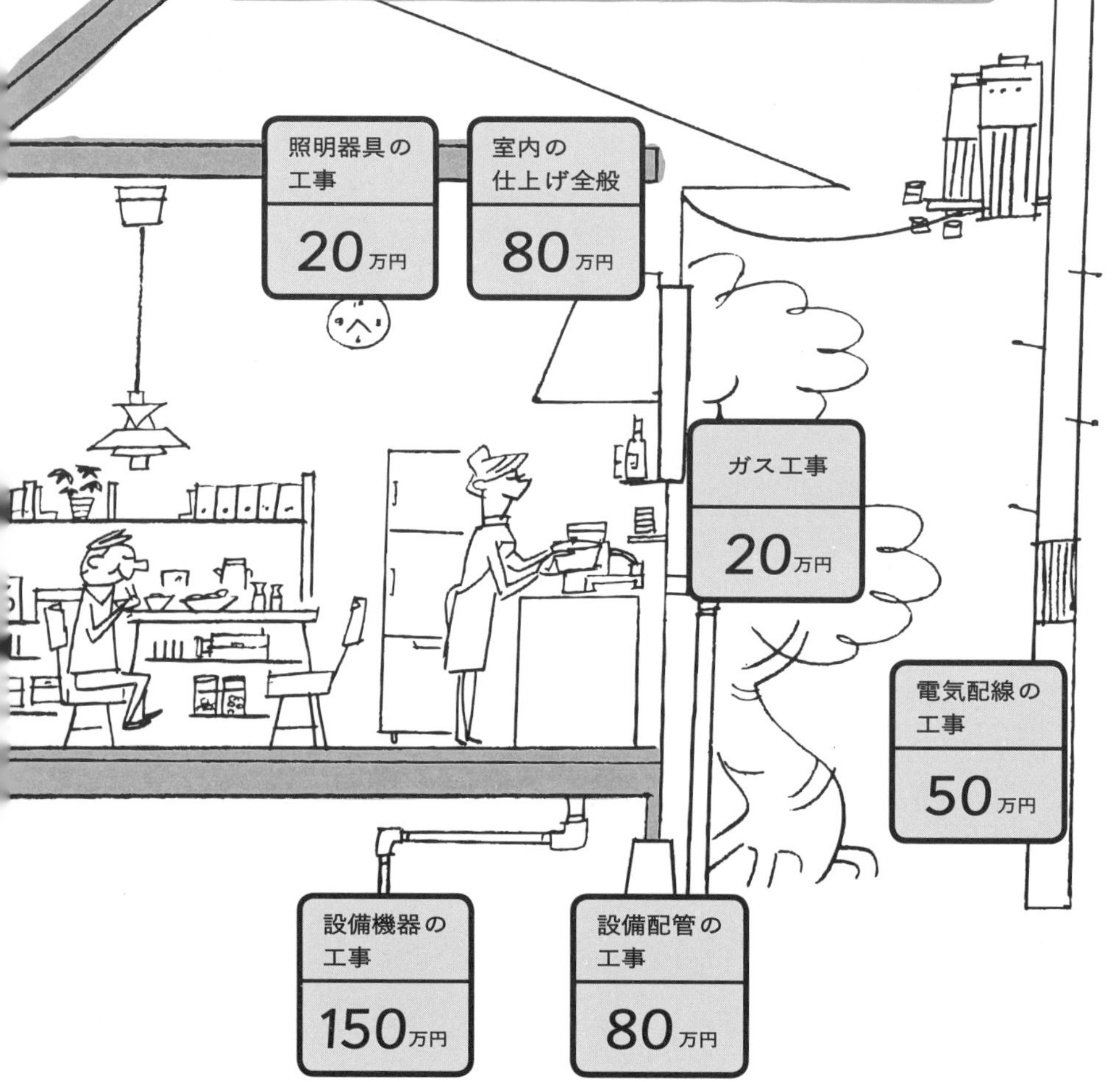

合計 1,650 万円
現場を管理する人の人件費 250 万円を含めると
1,900 万円。消費税 190 万円まで含めると、
しめて…

2090 万円

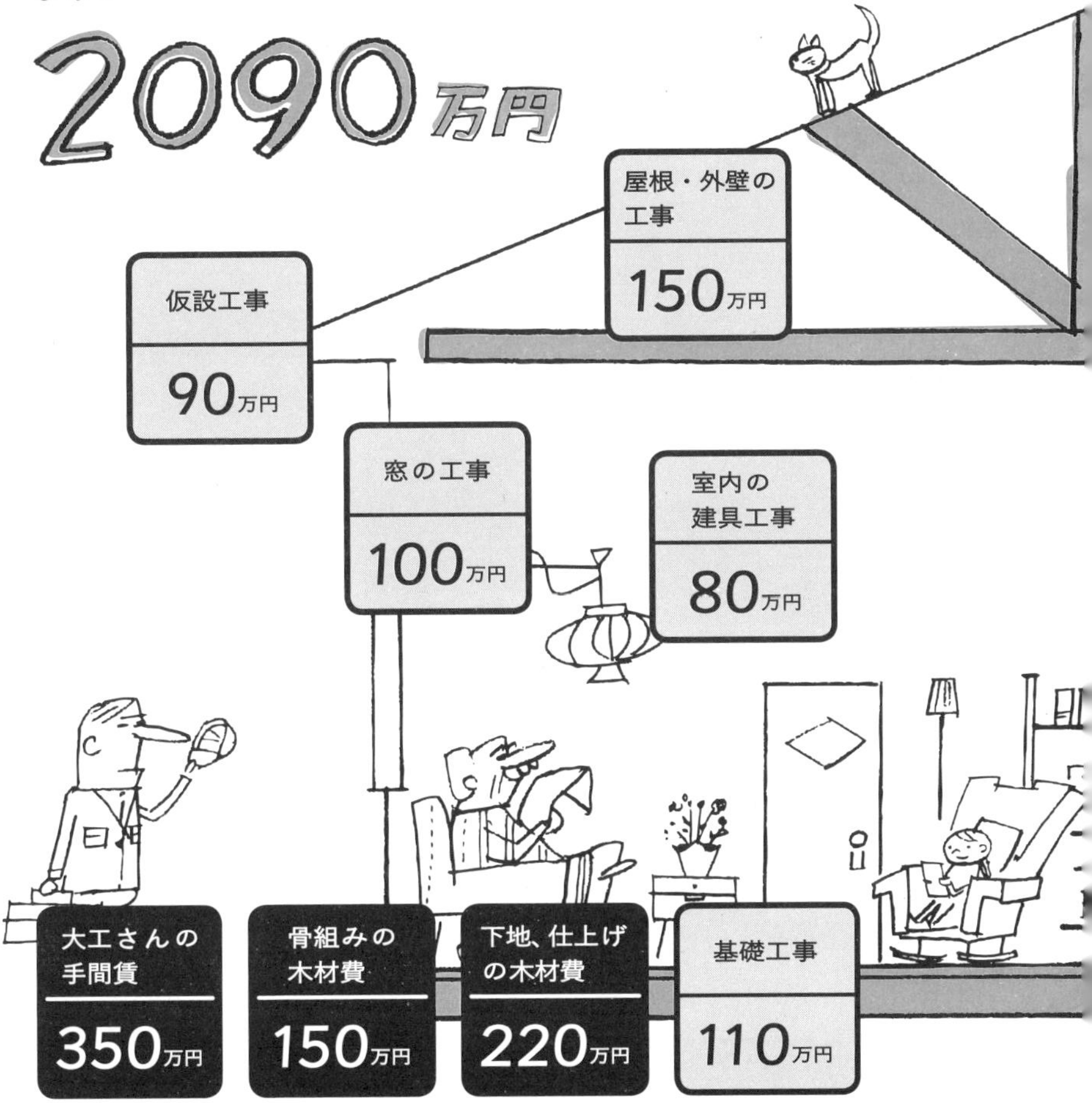

間仕切壁もなく、極力シンプルにつくった場合の価格です。
家具、建具、間仕切壁などを増やす場合はプラス 150 万円。
それでも 30 坪の木の家が 2,200 万円ちょっとで出来る計算です。
そこそこ実現できそうな金額ではないでしょうか。

たかがしれている!?
木のお値段

要は、「何にお金を使うか」。これが決まれば家の価格をコントロールする道筋が見えてきます。

一般に家づくりのコストは、材料費と職人さんの人件費に分けられます。この割合はおよそ半分ずつというのが現在の家づくりの標準。材料費のうち比較的多くの割合を占めるのが設備機器で、木の家だからといって必ずしも木材の価格ばかりがかさむわけではありません。

たとえば、2000万円の家(土地代除く)であれば、材料費は半分の1000万円。そのうち木材の価格は、骨組みと仕上げ材を含めても300万円程度です。材料費全体の1/3以下、全体で見れば1/7ちょっと。さらに贅沢に木を使ったとしても400万円程度に収まります。100万円の増額ですから、全体で見れば5％しか増えていません。「木の家は高い」と思い込んでいる人は多いようですが、使っている木の価格自体はそれほど高くはないのです。

設備機器は「あなたの論理」で

最近は設備機器の進化が目覚しく、キッチン、トイレ、洗面、浴室などに、さまざまな機能を搭載した製品が毎年のように発表されています。そんな機能までいらないだろうと思う「余計なお世話系」の機能が増える一方、シンプルで使いやす

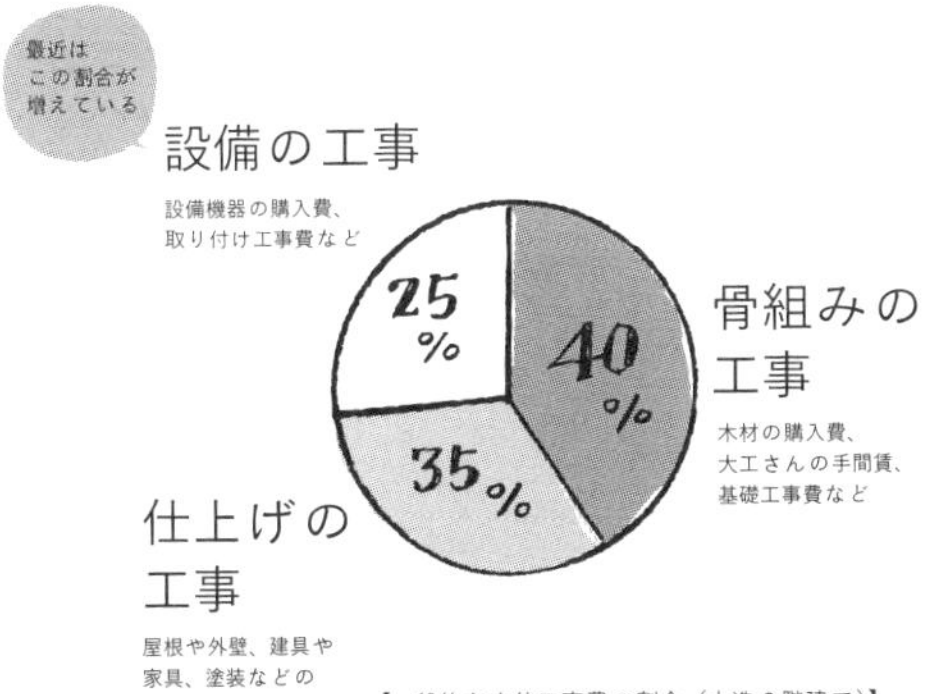

【一般的な本体工事費の割合（木造2階建て）】

コストの浮沈は設備機器が握っている

木材の材料費は建築費全体の2割以下が相場です。内外装に木の板を張れば大工さんの手間賃もかかりますが、その分、設備機器にかけるお金を抑えれば、コストを抑えながらあなたが希望する「木の家」を実現することは十分可能です

かった製品がいつの間にか姿を消しているなど、設備機器には不可解な現象も多々見られます。不断の商品開発も、ある地点まで上《のぼ》り詰めれば頭打ちになるのは当然で、メーカー側も本音では「この機能はほとんど使われないだろう」と思っていながら、むりやり新製品をひねり出さなければならないジレンマに苦しんでいるのが実情でしょう。

言うまでもなくそれは企業の論理です。私たちがそれに付き合わなければならないいわれはありません。素敵な木の家に住みたいと思ったあなたは、もう一度原点に立ち戻り、自分たちの生活はどうあるべきか、この家に本当に必要な設備は何かを真剣に検討してみてください。

派手な機能を搭載した設備機器ばかりに目を奪われていると、うっかり予算のバランスを崩して、本当に住みたかった家が遠のいてしまうかもしれませんよ。

建具・家具は?

アルミサッシを「木の窓」にできますか?

Can wood replace
aluminum framed windows?

実は、窓がアルミサッシに代わったのは意外と最近のことなんです。昔の家は、すべて木と土と草でできていました。骨組みや仕上げは木ですし、屋根も茅《ちがや》だったり土を焼いてつくった瓦だったりで、壁も土と草です。窓だって木でつくられていて、それが普通だったのです。なのに、何故アルミサッシが主流になったかというと、主にメンテナンスが容易だったり耐久性に優れていたりという理由です。しかし、腐りにくいように工夫して使えば木製の窓やドアだって決して難しくないのです。

ちょっと想像してみてください。窓が木製になっただけで、部屋の雰囲気はグッと変わりますよね。木でできた窓があって、その窓辺に佇んで外の景色を眺める、そんなゆっくりとした時間を過ごすことは、決して贅沢なんかじゃないんです。

もし、この部分が木で出来ていたら

使い勝手や耐久性を考えれば
木じゃないほうがいいわけですが、
そこをあえて木にするというのは…

窓 ゆたかな生活

自然の光や風を室内に取り込む一方、外の景色を眺めたり
お隣さんとちょっとした挨拶を交わしたりするのも
窓のもつ大切な役割です。もちろん、アルミサッシでも
悪くはありませんが、ここに木の窓がはまっていたら、
なんだか生活が豊かになったような気がするので、
不思議なものです

玄関ドア 笑顔でお迎え

その家の第一印象を左右する玄関ドアは、
まさに家の顔といえます。アルミのドアはなんだか
よそよそしい雰囲気ですが、木製のドアなら
お客様を笑顔で優しくお迎えできそうです。
ま、あくまで気持ちの問題ですが、
これが意外と馬鹿にできません

ちなみに、強い西日が当たると木の**傷みが早く**なりますので、玄関の位置には注意してください

1カ所だけ木製のサッシを選んだ、ある建て主のこだわり

たしかにアルミサッシは素晴らしい製品です。木の枠でできた窓と較べれば一目瞭然。雨は吹き込みませんし、隙間風も入ってきません。ムシも入ってこなければ、開け閉めもスムーズ。なにより圧倒的に価格が安い！　――ここまで言われて、木の窓にしたいと考える人はよほどの変わり者かもしれません。けれど、その人は誰よりも木の家に住む資格のある、愛すべき変わり者といえます。

窓から外を眺めたとき、アルミサッシの窓と木の窓では見える風景が変わってきます。こうした感覚こそ、木の家づくりでは大事にしたいものです。高性能がすべてに優先する家なんて、なんだか面白くないですよね。

ある建て主は、どうしても木の窓をつけたいという願望を断ち切れず、あらゆるデメリットを承知のうえで1カ所だけ木の窓にする道を選びました。南斜面の高台にある敷地から遠く富士山まで眺められるリビングの窓を木の窓にしたのです。

もとより自然豊かな風景でしたが、木の窓にしたことで周りの緑がより青々と繋っているように見え、やはり木の窓にしてよかったぁと、その建て主は幸せを噛みしめていました。

最近は木製サッシの既製品もバラエティー豊かになっており、性能もずいぶん上がっています。使用している木は厳選され、マツやヒバなど腐りにくい樹種が使われています。水はけをよくし、常に乾燥した状態が保てるような工夫もされているので、簡単に腐ってしまうことはまずないでしょう。もちろん、日頃の点検やメンテナンス、窓の開閉をまめに行うなどのひと手間は必要です。コストはアルミの2〜3倍といったところでしょうか。ちょっと値が張るのが玉にキズですが、1カ所だけでも木の窓にすれば、木の家の完成度も満足度も想像以上に高まるに違いありません。

中古住宅という選択

USEDでもOK

Yes for USED!

家とはお父さんががんばって働いて新築を建てるもの、と言われてきました。けれどその「伝統」は、いまや大きく揺らぎつつあります。長引く不況も原因の一つですが、なにより家に対する価値観が大きく変わりつつあるのです。

いま、若い世代を中心に「家は中古でもいいや」という人が増えています。傷一つない新品を少しずつ慣らしていくのもよいですが、ほどよく使い込まれたUSEDを自分流にカスタマイズして使い込むのも楽しいものです。かつて貧乏の象徴だった古着が、いまやファッション上級者の必須アイテムへと変貌を遂げたように、「中古=安かろう悪かろう」ではないのです。

では、どうすれば素敵な中古住宅を見つけられるか。この項ではが独自の方法をご紹介いたします。

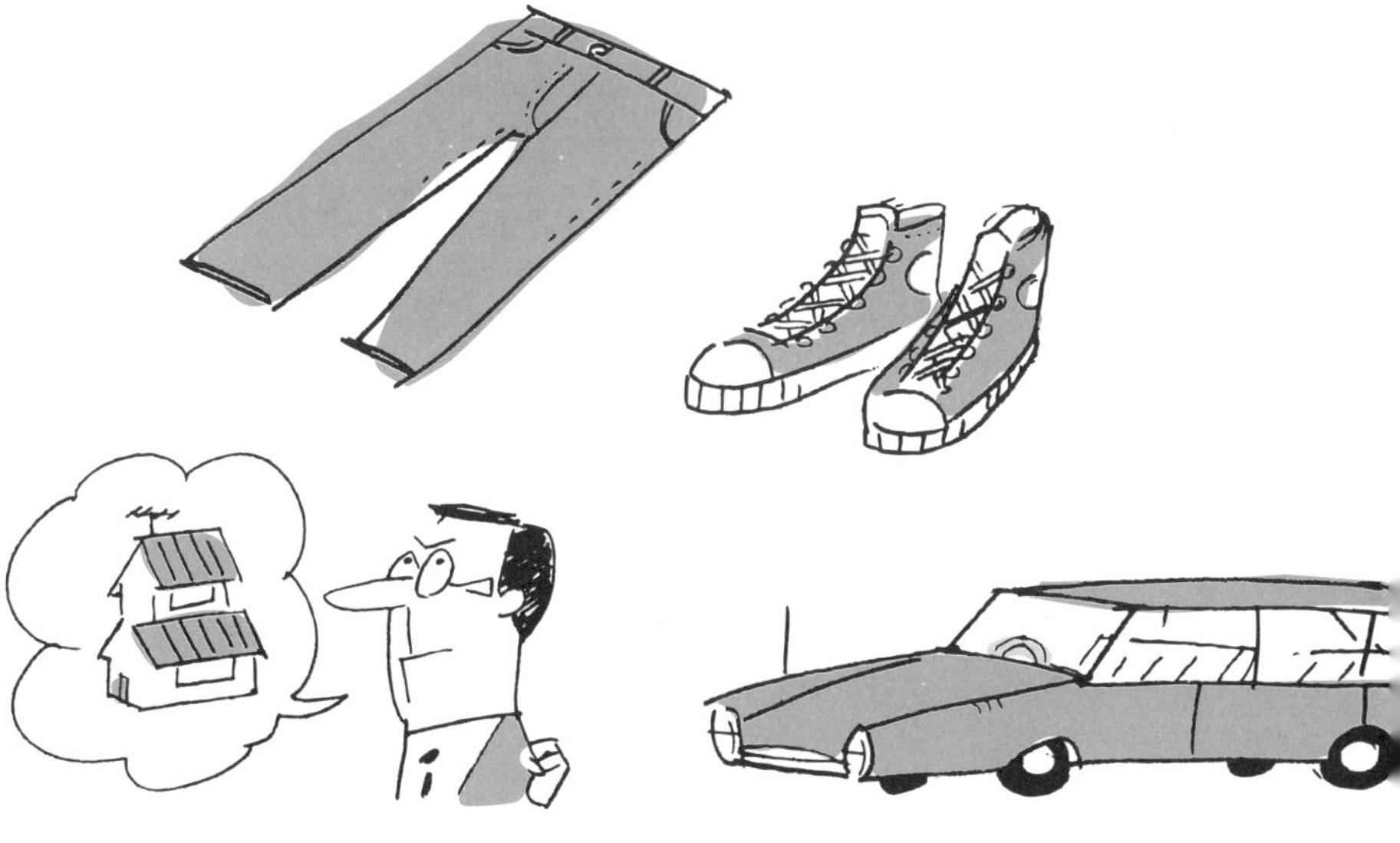

素敵な中古の探し方。スタート！

足を使って、パソコンを使って……。中古探しは、ロマンあふれる宝探しの旅なのかもしれません。

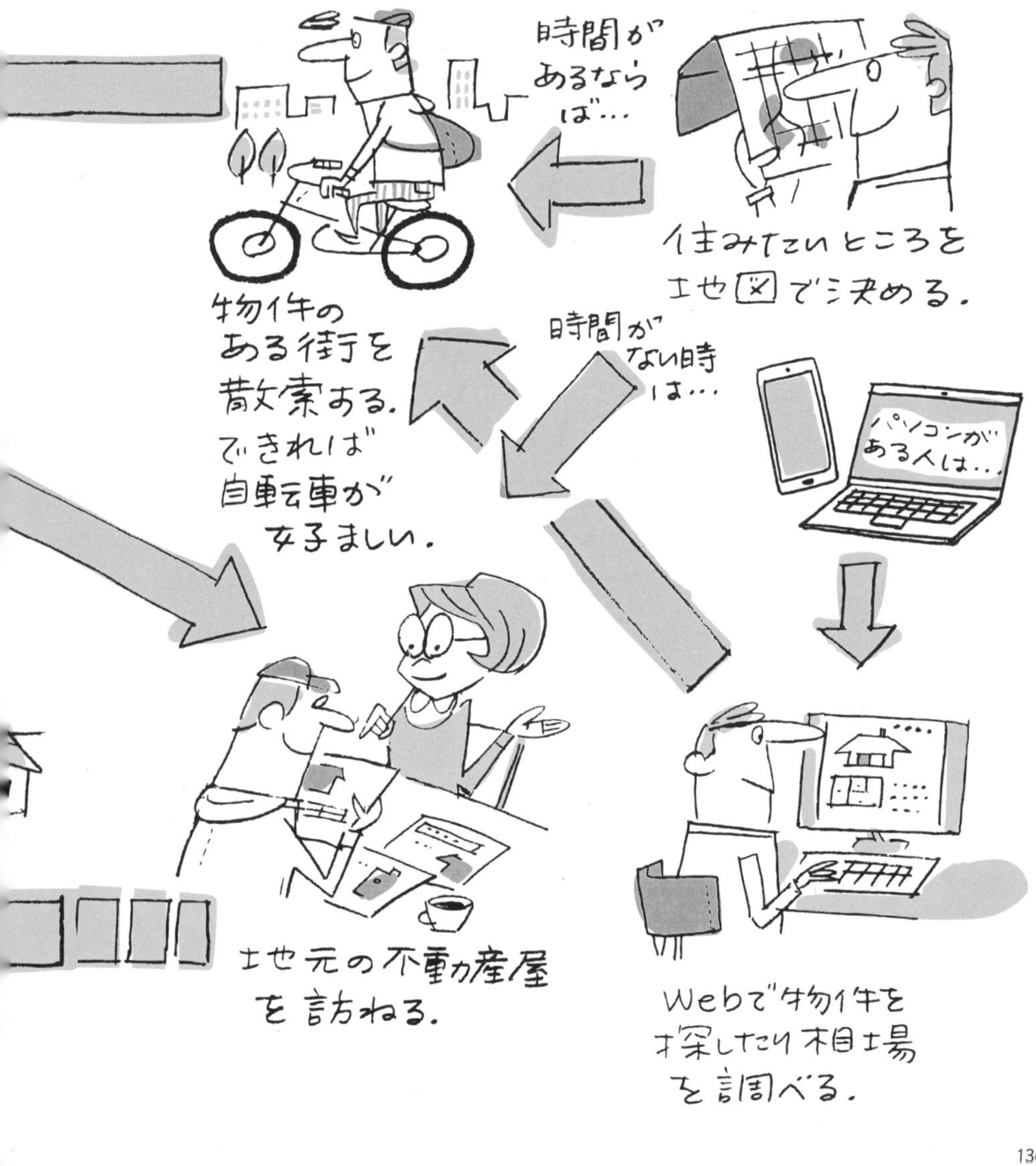

住みたいところを地図で決める。
時間があるならば…
物件のある街を散策する。できれば自転車が好ましい。
時間がない時は…
パソコンがある人は…
地元の不動産屋を訪ねる。
Webで物件を探したり相場を調べる。

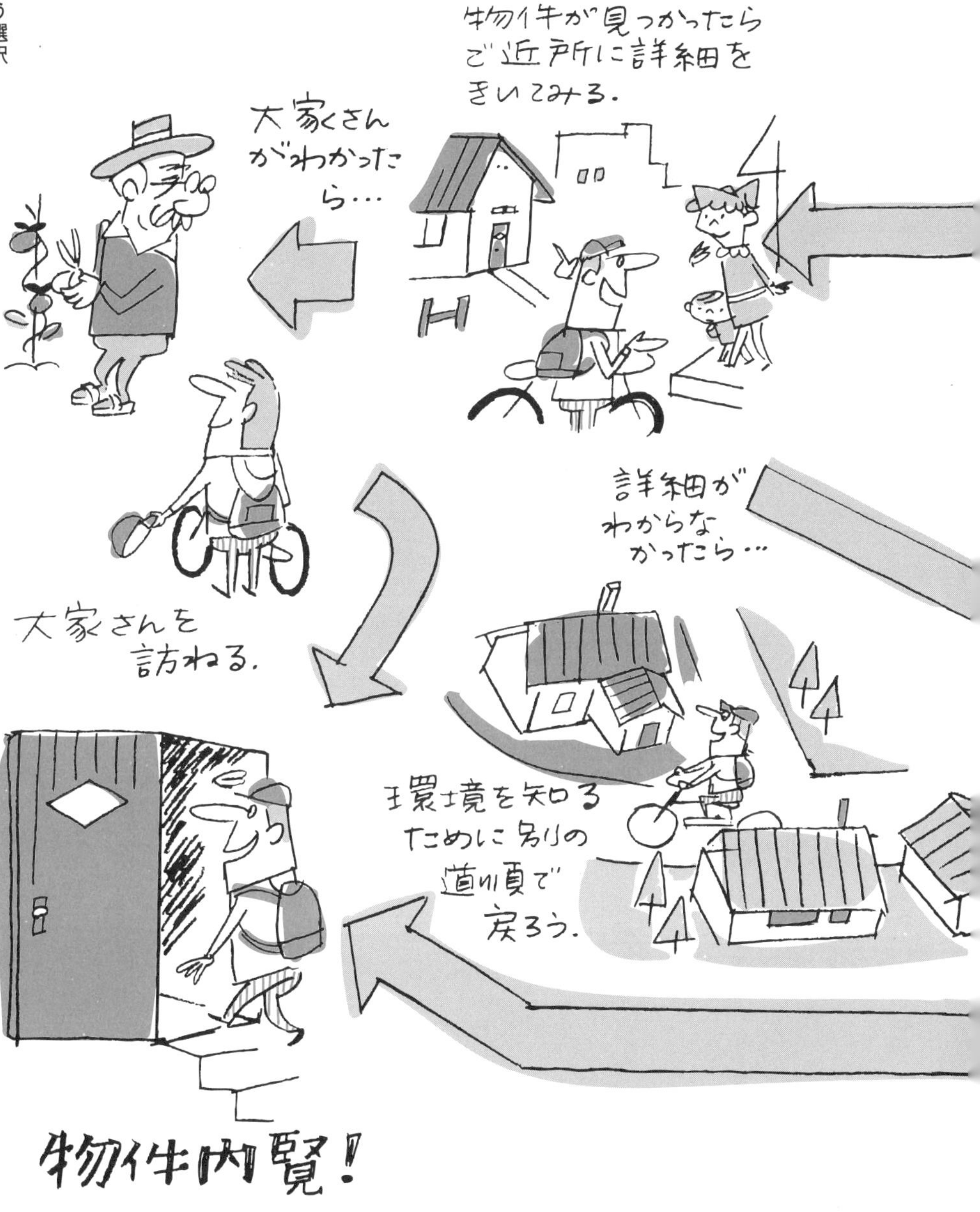
物件が見つかったら
ご近所に詳細を
きいてみる。
大家さんがわかったら…
大家さんを
訪ねる。
詳細が
わからな
かったら…
環境を知る
ために別の
道順で
戻ろう。
物件内覧!

内覧のポイント。

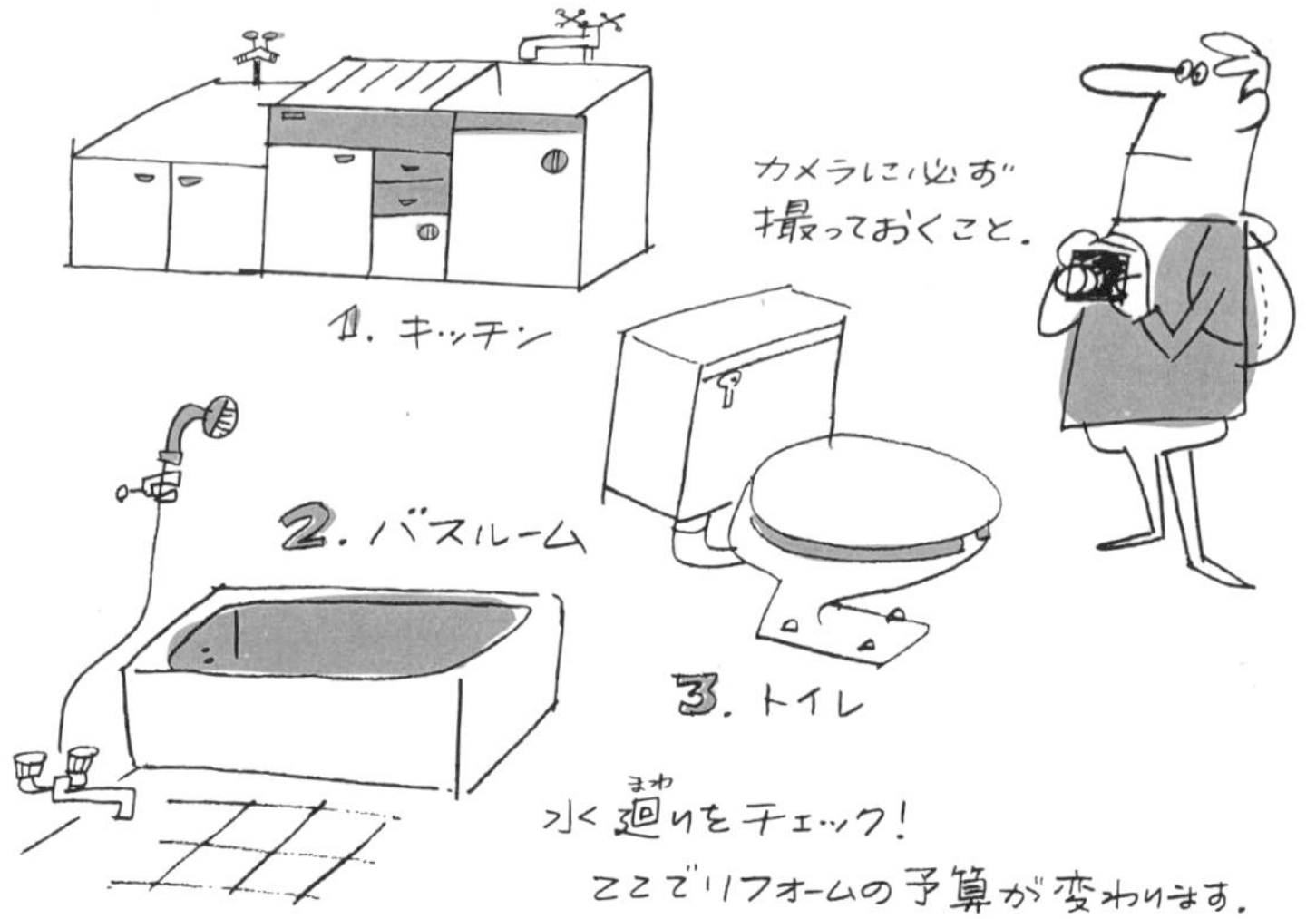

水廻《まわ》りをチェック！
ここでリフォームの予算が変わります。

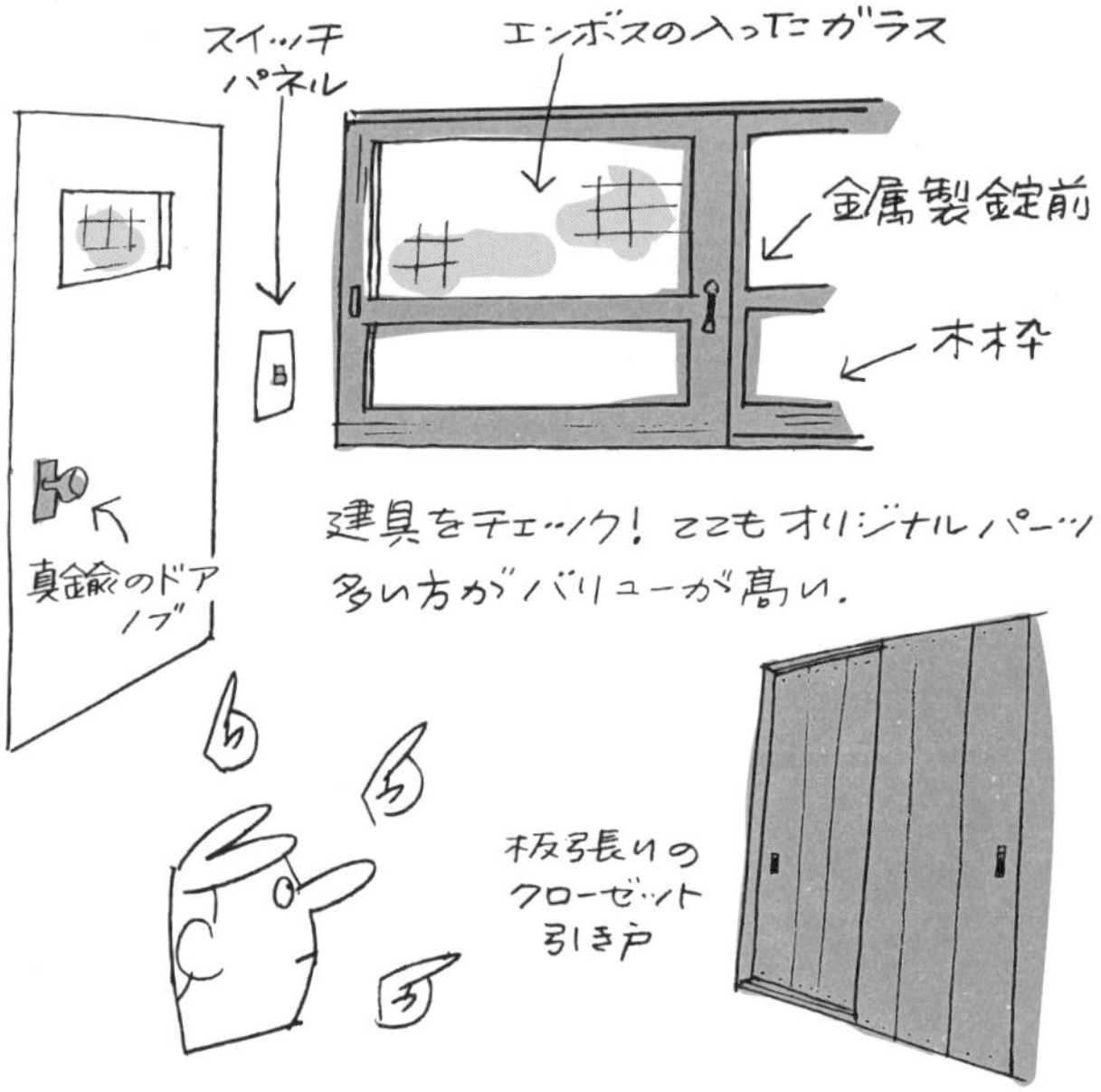

建具をチェック！ここもオリジナルパーツが
多い方がバリューが高い。

天井・壁・床をチェック！
なるべくオリジナルのまま残したい。
特に壁は壁紙が貼ってあるとNG。
床にクッションフロアはもってのほか！

気になるリフォームのお値段は？

中古住宅の魅力はなんといっても安さです。それなのに、リフォームにお金をかけすぎて、気がついたら新築とさほど変わらなくなってしまった——という失敗をする人が意外と少なくありません。ここでは木の家のリフォームについて、簡単にアドバイスしてみましょう。

元々は建売りだったような普通の戸建てを、木の家にリフォームするなら、まずは床から手をつけましょう。床を無垢板のフローリングに変えるだけで途端に木の家の貫禄が出てきます。既存の床の上にそのままフローリングを張っても構いません。これなら1坪当たり3万円ほどでできるでしょう。6畳間（3坪）なら9万円ほどで一丁上がり。壁のビニールクロスを剥がして左官を塗る場合は5000円／㎡が目安です。6畳間で壁の面積が24㎡とすると、およそ12万円で工事ができる計算です。床と壁に手を入れるだけで室内の雰囲気はがらっと変わります。

注）価格は参考価格。中古住宅の状態などによって価格差が出ます

みんな、どこをリフォームしてるの？

一般に中古住宅を購入した人が真っ先に手直しするのが、キッチン、風呂、トイレなどの水廻りです。家の中でもっとも傷みの早い場所ですから、早急に手当てをしてあげる必要があります。プロ（設計事務所、工務店など）に劣化の進み具合を診てもらいましょう。リフォーム費用は300万〜600万円が相場です。

次に、床をはがして床下の確認をしたいところです。特に床を支えている骨組み（大引《おおびき》、根太《ねだ》、構造用合板など）がやられているケースが多いので、一度床を剥がして確認しておくと安心です。リフォーム費用は傷みの度合いにもよりますが1坪当たり5万円〜が目安です。6畳間（3坪）ならおよそ15万円〜。

壁や天井の補修はケースバイケースですが、天井の板を外して雨漏りの跡がないか確認することが大切です。そして、天井

板なしでも雰囲気がよさそうなら、梁をそのまま見せるというデザインもあります。

地震に耐える家にするには?

「空き家がいっぱいで宝の山だ!」確かにそうなんですが、主に構造に関する部分でちょっと気をつけないといけないこともあります。

たとえば、1995年1月17日に発生した兵庫県南部地震は、壮絶な被害をもたらしました。倒壊した家屋も多く、その体験の反省から建築基準法(建築物をつくるときの基本ルール)が見直されたのです。つまり、この基本ルールの見直しの前に建てられた家と後に建てられた家では、同じ空き家とはいってもその中身は全然違うわけなのです。

具体的にいうと、兵庫県南部地震では大きな揺れで柱が抜けて家が壊れるケースが多かったので、柱が抜けないように新たなルールがつくられました。また、計算上は耐力壁が足りていてる建物でも、片寄って設けられていると全体のバランスが崩れて倒壊してしまったのです。そこで「耐力壁をバランスよく配置する」というルールも決められました。

とすると、古い空き家には価値がないと思われる方もいるでしょう。しかし、それも間違いなんです。地震に対する強さは「耐震補強工事」でカバーできるのです。国が定めたルールに従ってしっかり工事をすれば、地震に対する住宅性能を上げて安心・安全な家にすることができます。

気になる中古物件を見つけたら、その中古住宅は地震がきても大丈夫な耐震性を備えているか——事前に「耐震診断」を行い、もし要注意と診断されたら耐震補強工事を検討してください。耐震補強は前述の仕上げ部分の工事と併せて行えば一石二鳥。柱、梁の劣化している（腐っている）部分を補修して、それぞれの接合部を補強するだけで耐震性は飛躍的に向上します。耐震補強

工事のお値段はまちまちですが、30坪くらいの家なら100万円程度を目安に考えておけばよいでしょう。

ヤバイ4号建築に要注意!

ところで、実は中古住宅にはもっと深い問題もあります。それが「4号建築物問題」です。4号建築物ってなんですか? いきなり建築の専門用語が出てきましたが、これは一般的に「2階建てまでの木造建築で、床面積が200平米(60.5坪)未満の建物」のことを指します。多くの木造住宅が4号建築にあたりますね。

この4号建築物にも、当然ながら「建築確認申請」という法律に基づく手続きが必要になります。建築確認でチェックする項目はとても沢山あるのですが、この規模の建物は建設数も多いため、申請業務が滞らないように「建築士が設計した4号建築物は、審査を簡略化してよし」としたのです。これが俗に言う「4号特例」です。これだけなら、設計者が責任をもって設計していればなんの問題もありません。でも、設計はしていても残念ながら現場監理まではしていないケースも少なくありません。

昔気質の大工の棟梁の中は「建築基準法？　耐震基準ってなんだ？」みたいな人もいます。設計図を無視して自分流のやり方で家を建てちゃっていて、中古住宅を調べたときびっくりするケースも多いんですね。言葉は悪いですが、無法地帯……。もちろんしっかりつくられている古い住宅もあるのですが……ここだけの話、「4号建築物」にはヤバイのもあるんですよね。

とまあ、そんなヤバイ「4号建築物」な可能性のある空き家なんですが、しっかり調べて直せば大丈夫。空き家だって怖くない！んですよ。ぜひ、中古住宅をリノベーションして、素敵な木の家に生まれ変わらせて住んで欲しいと思います。なんといっても、2021年現在、全国の空き家数は史上最高の800万戸以上！有効利用しない手はないですよね。

古い木だって…

代打、古材

Old wood saves the day!

木の魅力の一つに、経年変化で生まれる飴色やシルバーグレーなどの他に代えがたい自然な色があることはすでにお話ししました。しかし、変わるまでには時間が必要です。でも、「そんなに待てない！」という人もいて、経年変化に近い色の塗料を最初から塗ってしまったりします。それには大反対です！　なぜなら、塗ったばかりのときはよいのですが、時間が経つとどうしても劣化したり剥げたりして、木が持っている自然の表情とは似ても似つかなくなってしまうからです。

　では、時間のない人は風合いや色を諦めるしかないのか？　と言えばそうではありません。すでに使い込まれて、よい味わいを醸し出している木材もちゃんと売っているんです。「古材」とか「アンティークウッド」と呼ばれており、木の家に雰囲気をプラスしてくれます。

古材が活躍するところ

木の家のどんなところに古材を使ったらよいか、
いくつか代表例を見てみましょう。

壁

ワンポイントで壁に古材の板を張ると面白いかもしれません。どこにどう張るかはあなたのセンスにおまかせします

テーブル・椅子

たとえば線路に使われていた枕木を4本くらい横に並べてボルトでつなげばテーブルの板代わりになります。凸凹しているところはヤスリで丁寧に仕上げましょう。脚は大工さんに頼めばつくってくれるでしょう

フローリング

年月を経た木の味わいを楽しむのに最適なアイテムは、古材のフローリングをおいてほかにありません。時が刻まれた年代物の床が、部屋全体に時間の奥行きを演出してくれます

カウンター

古材の一枚板を使えば、存在感がキラリと光ります。キッチンのカウンターに使ってもいいし、大工さんがつくるキャビネットの上に載せてもＯＫ。板を壁から直接せり出させても格好いいでしょう

ドア

室内の出入口を古材でつくれば、家全体のテイストが強烈に印象づけられます。アンティークのドアをオークションでゲットしてもいいかもしれません

家具

アンティークの家具はそれだけでも十分に魅力的です。新築のまっさらな部屋に置いても映えるでしょう。調度品を少しずつ、揃えるように集めていく楽しみもあります

古材の買い付けは たのし、むずかし

住宅の一部に古材を使いたいと思っても、対応できる工務店や設計事務所は限られます。なぜかと言えば「仕入先が分かりにくい」からです。しかし近年ではインターネットで検索すれば古材を扱っている人たちと出会えますので、「施主支給《せしゅしきゅう》」という方法をおすすめします。施主支給とは、建て主みずからが古材を買い、工事会社に渡して取り付けてもらうことをいいます。この方法なら、自分で掘り出し物の古材を探し出す楽しみが味わえます。けれど、もし現場で不具合が見つかっても修理や交換はすべて自分で行わなければならないので、それなりにリスクがともないます。

しかし、リスクを知ることも大切ですが

それを超えた魅力のある一品物《いっぴんもの》の建具やドア、家具などがネットオークションに出品されていることも多いので、一度は覗いてみてもいいかもしれません。

　どのような方法で入手するにせよ、大切なのは自分の目で確かめて購入を決めること。ネット上の写真だけで判断すると痛い目に遭うと覚悟しておいてください。購入の責任はすべて自分にあるのです。とはいえ、素敵な古材を見つけてくるのは、宝探しの気分でとても楽しいものですよ。

DIYで古材を使うとき

なんでもかんでも消費者保護の昨今ですが、古材の品質に関しては自己責任になります。販売会社によってはPL法（製造物責任法）で保証される古材を販売しているところもありますが、現状では古材の品質を公的に保証する制度はありません。ですから、柱や梁といった家の重要な骨組みに古材を使うのは避けたほうが賢明です。もし、古材の内部が腐っていて柱が折れたとしても、それは誰の責任でもありません。

「でも、私が好きなカフェの梁には古材が使われていますけど……」という人、ちょっとお待ちを。その梁は本当に骨組みとして使われている梁でしょうか？　そう見えているだけで、実際は飾りとして梁のように取り付けてあるだけの場合がほとんどでしょう。古材はその古びた風合いを「装

飾として活用する」。これが利用の原則です。

在庫の出自は販売店ごとに、日本の古い民家で使われていたもの、米国などのバーン（納屋）で使われていたものなどさまざまですが、日本の古材には鉄道の枕木や電柱に使われていた（昔の電柱は丸太でした）ものも数多く出回っています。なかでも枕木は内部に細かな石がめり込んでいるおそれがあるので、切断の際、丸ノコの刃が石に当たって刃が欠ける危険があります。同様に、解体した古い民家の材で、釘がきれいに処理されておらず木の中に錆びたまま残っているケースもあります。昨今のDIYブームで古材の人気は高まっていますが、自分で使うときは特に注意したいものです。

中古住宅とDIY

わたしの家をわたしがつくる？

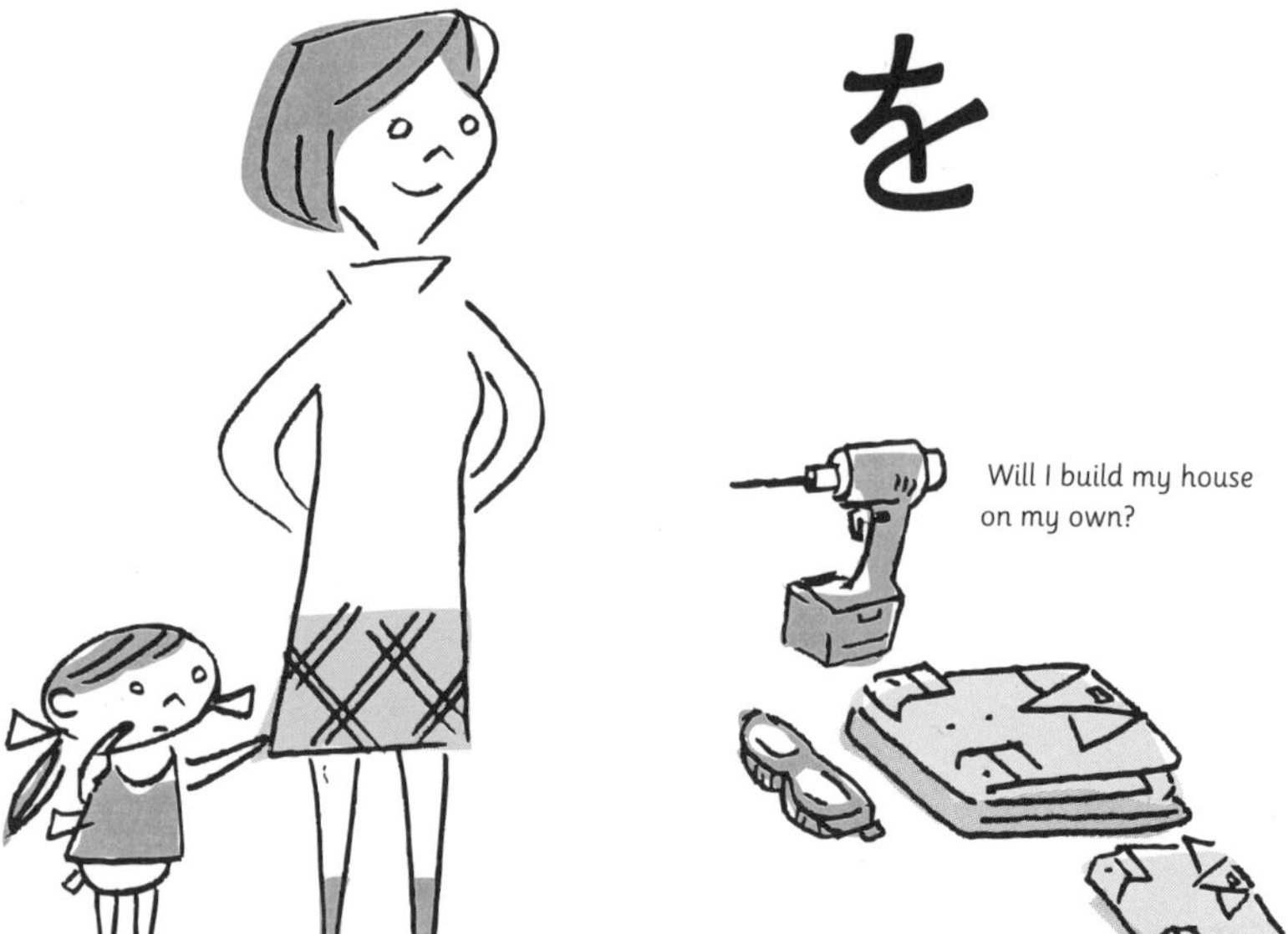
Will I build my house
on my own?

「リノベーション」という言葉を聞いたことがあると思います。「リノベ」って略したりもします。意味としては「修繕工事」のことなのですが、今の若者たちの間では「自分たちの手で中古住宅を手直しして住むこと」と定義付けられているようです。

日本では戦後、住宅政策が大成功して新築住宅が推進されました。しかし、高齢化と人口減少の時代を迎え、全国的に空き家が増えています。統計によると、日本には800万戸以上の空き家があるそうです。これだったら、新しく建てる必要なんてないんじゃないの？　ですよね。新築住宅を建てるんじゃなくて中古住宅をゲットして、自分たちの手で木の家に大変身させるのです。142ページで解説したような耐震補強は難しくても、仕上げの部分ならセルフビルド、DIYでできちゃうことも多いんですよ。

木ほどユーザーフレンドリーな材料はない

木の魅力の一つは、誰でも簡単に加工ができること。以前、林業家の方と開催したファミリー向けのイベントで細めの丸太を用意していただき、子どもたちにノコギリで切ってもらいました。すると、小さい子どもたちがとても頑張って次々と切ってくれました。その時、「こんな小さな子どもたちでも楽しく切れる建築材料って、木だけだな」ということに気がつきました。つまり、木ほどユーザーフレンドリーな建築材料は他にないんですね。

自分で家をつくりたいという強者なら、基礎工事や電気などの設備工事はともかく、その他の工事は自分の手でできちゃいます。それが木の家のすごさなんです。一方、「そこまでは難しいけれど、一部屋だけ自分の手で床を張り

たい」というライトな人にだって、木はやさしく応えてくれるのです。

用意する道具は、ノコギリと金槌があればまずはオッケイ。次に丸ノコと電動ドライバーです。肝心な木材はどこで買いましょう？　一番お手軽なのは、ホームセンターですが、近所に製材所があるのなら相談してみるとよいです。もしかしたら山主さんから丸太を買い付けることだって（！）可能です。

さあ、セルフビルドやDIY（ちなみに、Do It Yourselfの略語です）の世界に、あなたも飛び込んでみませんか？　木の家では、自分の家をつくる楽しさがあなたを迎えてくれますよ。

少量ならホームセンター、
量が多いときは木材店、もしくは
製材所での購入がおすすめ。
木材のカットなども
相談してみましょう。

木の家って
意外とリーズナブルでしょ？

そういえばナミキさんは、
どこの木を使って
木の家を建てるおつもりですか？

えっ、どこの木?
どこって言われても……

どこの木を使うかは、
日本の未来を左右する
とても大切な問題なんです。

第4話
せっかくだから MADE IN JAPAN

episode.4

Might as well be
MADE IN JAPAN.

輸入材の隆盛

9人中6人が助っ人外国人

6 out of 9
are from overseas.

野球でもサッカーでも、プロスポーツの世界には外国人選手枠があります。1チームに何人まで外国人選手がいてもよいかという取り決め。なぜそういうキマリがあるかといえば、単純に「面白くないから」でしょう。金にあかせて助っ人外国人ばかりを集めたチームが優勝しても、おそらく周りはシラけるだけです。

木の家というチームを構成している木材は、現在ほとんどが外国人選手です。特に柱や梁《はり》といった構造材は、北欧、ロシア、カナダといった海外からの輸入材が大半です。理由の一つは「手に入れやすいから」。はるか遠く、大型輸送船で運ばれてくる輸入材のほうが日本の木より手に入れやすいというのも不可解な話ですが……。とはいえ、そもそも日本の木を外国の木で建てるというのは、なんだか「面白くない」気がしませんか？

100人中62人が外国生まれ

現在、日本の木材が国内でどれだけ使われているかを示す「木材自給率」は38%です（2020年現在）。実に6割以上の木材が輸入品なのですが、ここまで輸入材が増える原因となったのが、昭和30年代から段階的に推し進められた**木材の輸入自由化**でした。全面的に自由化されたのは1964（昭和39）年。これを機に、日本の木材界は「外国人選手」の急増を許すようになってしまったのです。

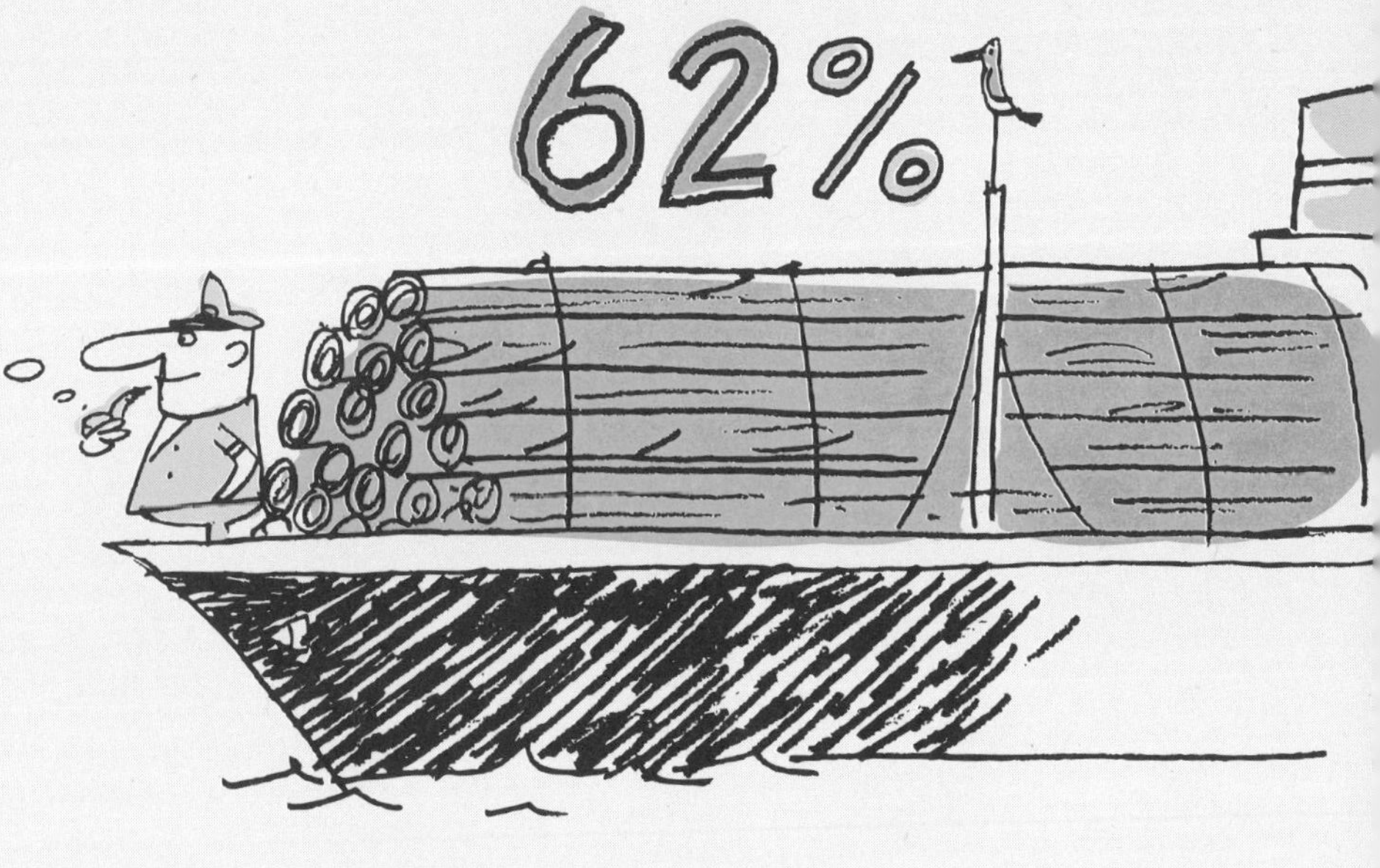

日本の山からは
少しだけ

はるか遠くの
国からは大量に

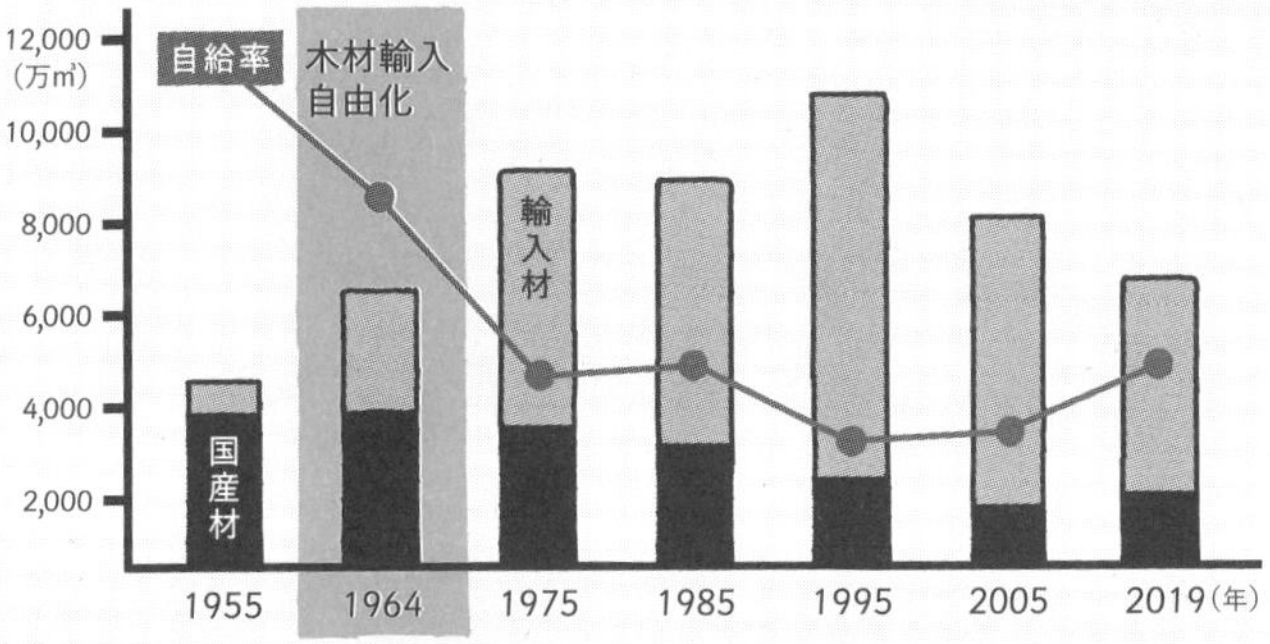
12,000
(万㎥)
10,000
8,000
6,000
4,000
2,000
自給率
木材輸入
自由化
輸入材
国産材
1955
1964
1975
1985
1995
2005
2019(年)

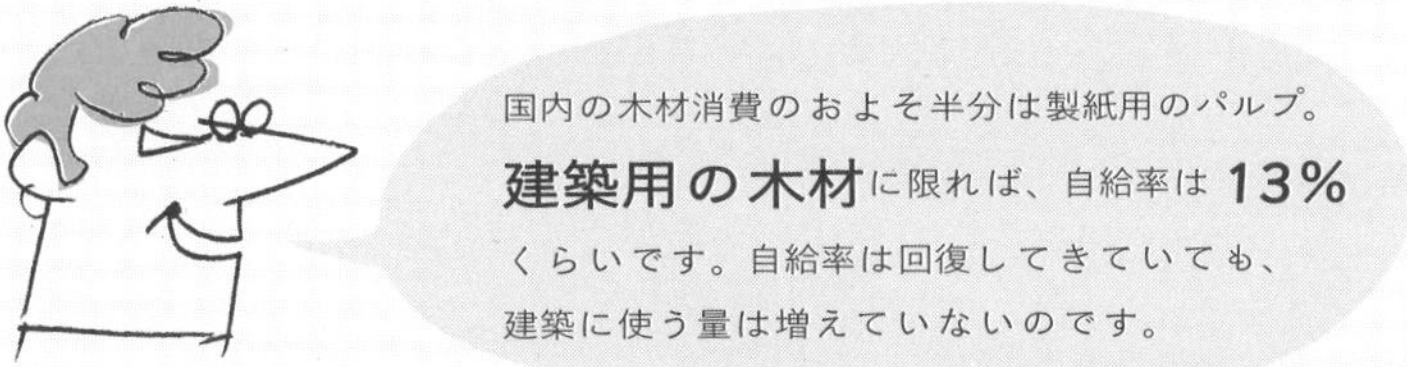
国内の木材消費のおよそ半分は製紙用のパルプ。
建築用の木材に限れば、自給率は **13%**
くらいです。自給率は回復してきていても、
建築に使う量は増えていないのです。

外国人選手枠をなくした理由

なぜ、「外国人選手枠」が撤廃され、木材の輸入は自由化されたのか？　それは、いまから60年以上前、戦争で焼け野原となった日本を**復興するための資材**が、日本の木だけではまかないきれなくなったためです。

言い換えれば、「外国人選手」を入団させないと試合ができないほど、復活にかけた日本の意気込みが奮い立っていたということです。

戦後に植えた木は、なんと400万ヘクタール分！これを「戦後の拡大造林」といって、使い勝手のよい大きさの木に成長しています。使わない手はないですよね。

レギュラー争いに敗れるサムライたち

輸入材の解禁当初は、一時的な復興需要が落ち着けば、
再び「日本人選手」が大活躍するだろうと思われていました。
けれど、現実にはその後も助っ人外国人に頼る
傾向は変わっていません。よくよく
考えてみると日本人選手には、
レギュラー争いで足を引っ張られる、
あまりに**致命的なハンディ**が
あったのです。

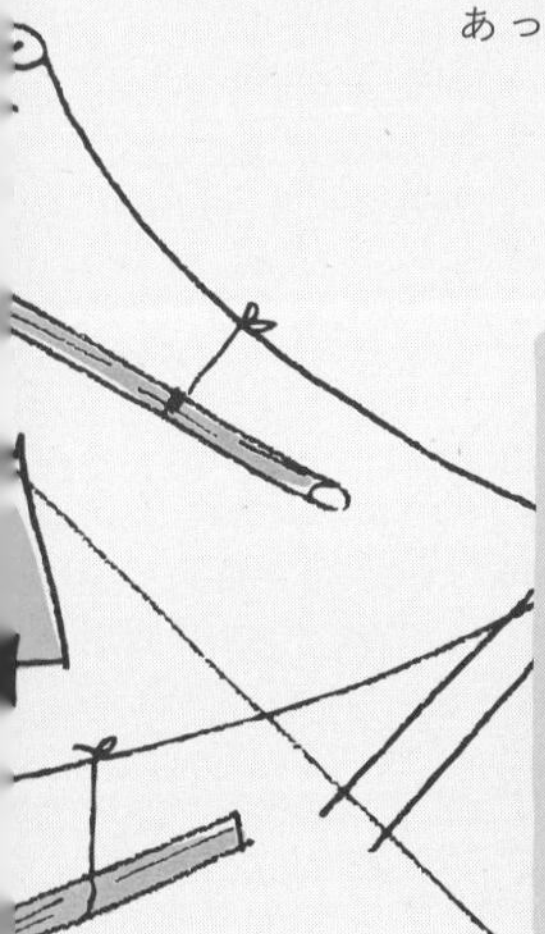

[ハンディ①]

地権《ちけん》がややこしい

日本の山の多くは、まるごと個人の所有物ではありません。
一山《ひとやま》を複数の人が所有していることが圧倒的に多く、
そうなると山の上のほうで切った木を麓《ふもと》まで下ろす間に
何人もの地権者の許可を得なくてはなりません。権利関係を
クリアにするだけでも、体力を消耗してしまいます

地権
木材はすでに国際商品となっています。地球温暖化を防止するための二酸化炭素削減に大きく貢献できる資源として、価値が急激に高まっているのです

[ハンディ②]

地《じ》形《がた》が悪い

日本の木は山に生えていますが、
外国の木は平らな土地に生えています。
伐採の作業を考えると外国のほうがはるかに
楽で効率がよく、コストもかかりません。
日本人選手のバットは重すぎるのです

[その結果として…]

供給システムが脆弱

100本ほしいと思った木が、100本まとめてすぐ手に入れば
注文主は喜んでお金を支払うでしょう。しかし、あっちから
10本、こっちから30本とやっていると、時間がかかるうえに
いつまで待たされるか不安で仕方ありません。なかには、
怒って商談のテーブルをひっくり返す人が出てくるかも。
輸入材では日本の商社の「努力」もあり、円滑な供給システムが
確立されましたが、国産材は地権と地形のハンディが仇となり、
いまだにスムーズな供給体制が確立できないでいます

今の監督は日本人選手を見たことがない!?

実は、国産材衰退の背景には、木に対する日本人の価値観の変化も大きく影響しています。もともとわが国には、**美しい木目**に対して憧れ、執着する文化がありました。

「きれいな柾目《まさめ》の木」は、それこそ宝石を売買するように取引されていたものです。

昔
「手間ヒマかけて価値の高い木を育てるぞ。」

「おお、美しい柾目じゃ」
「でしょう?」

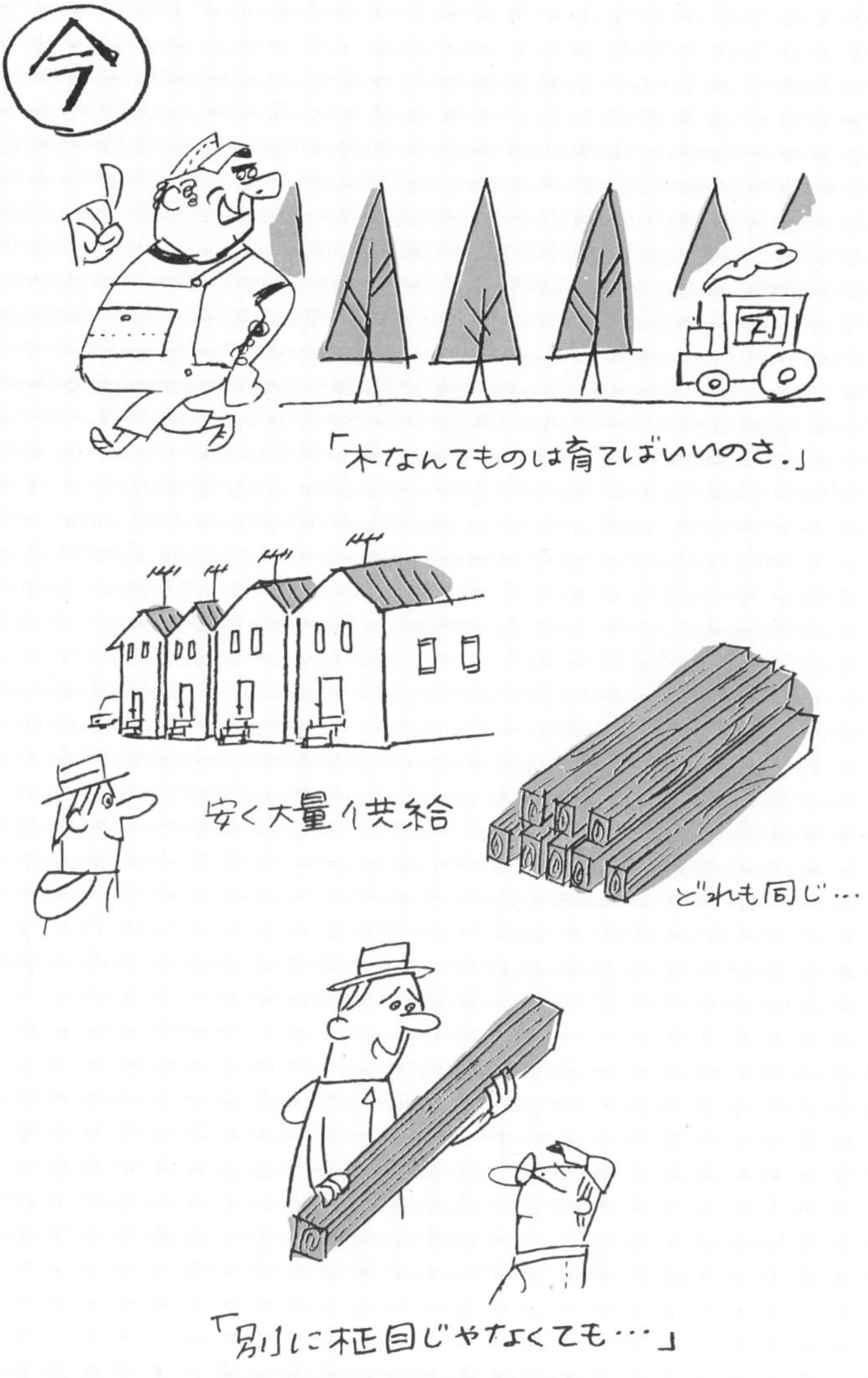
今
「木なんてものは育てばいいのさ。」
安く大量供給
どれも同じ…
「別に柾目じゃなくても…」

けれど、いまの日本では「木なんてどれも同じでしょ？」と思っている人が多くなりました。家を「なるべく安く買いたい」と願っている人に、柾目の素晴らしさについて語ってもなかなか理解してもらえません。そもそも今の若い建て主(監督)は、「日本人選手」のプレーを見たことすらないかもしれません。そんなわけで、日本の家はいまだに輸入材から離れられないのです。

ベイマツの「ベイ」は米国《べいこく》のベイ
——まぎらわしい輸入材の名前

居酒屋でシシャモをおつまみに一杯やる時間は酒飲みにとっては至福のひとときといえます。ただし、現在、シシャモとして供されているもののほとんどはアラスカ産のカラフトシシャモ（カペリン）で、本家本元のシシャモとは別の種だといいます。残念！　似たような話は木材にもたくさんあって、特に輸入材の名称には日本古来の木を思わせるまぎらわしい名前がいくつも付けられています。

輸入材の代表といえばベイマツ（米松）、ベイツガ（米栂）、ベイヒバ（米檜葉）ですが、「ベイ」というのは米国《べいこく》産のベイで、日本のマツ、ツガ、ヒバに似ていることからそう呼ばれるようになりました。厳密には日本の種とは少し違っていて、ベイヒバにいたってはヒバですらなくヒノキの仲間だったりします……。

レッドシダーという木は、別名ベイスギと呼ばれますが、こちらも実際にはヒノキ科ネズコ属の木で、スギの仲間ではありません。「流通上の愛称がそのまま通称になった」とか、「レッドシダーという彼《か》の地の名前より、日本の木をイメージさせるベイスギと名付けたほうが売りやすい」とか、まぎらわしくなった理由はいくつかあるようです。

無垢板《むくいた》のフローリングや家具に使用されるパイン材（マツ）も、ほとんどは欧《おう》州《しゅう》アカマツという北欧産で、日本のマツとは異なります。しかもパイン材はその定義すら曖昧で、カナダ産の木材や米国産のサザンイエローパインなども、一切合切「パイン」と表記されますし、「SPF」と表記される木材にいたっては「スプルス」と「パイン」と「ファー（雑木）」の頭文字を集めた、十把一絡《じっぱひとから》げな名前だったりします。なんという節操のなさ。木目の利害によって呼び方を変えてきた日本人の感性とはほど遠いことよ……。

国産材の真実

木を植えた男より木を切りまくる男

A man in need is not
who planted trees but who fells them.

森

林伐採、大いにけっこう。そこらじゅうの木という木を、切って切って切りまくろうじゃありませんか！　なんて威勢のいいことを言っていると、「お前は環境を破壊する気か」と怒鳴る人が出てきそうです。が、ちょっとお待ちを。少なくとも日本の山の多くはいま、早く伐採しないと取り返しのつかない局面まで追い詰められています。

果物に食べ頃があるように、木にも切り頃、使い頃があります。戦後、復興用の資材を大急ぎで確保した日本政府は、同時に植林にも励むよう号令をかけました。そのときの苗木が、その後立派に成長し、いま切り頃を迎えています。にもかかわらず、木材の自給率は30％台で、ほとんどは需要がなく放置されたまま。この状態が続けば日本の山は早晩荒れ果てていくことでしょう。いまは木を植える男より、木を切りまくる男の出番です。

木を切るということ

木の家づくりは、伐採した木が倒れる音を合図に
始まります。切られた木は適切な加工を施されながら
ゴールを目指します。真っ直ぐな針葉樹は柱や梁《はり》として、
節《ふし》だらけの木はボードなどの二次製品に、ちょっと
曲がった広葉樹はフローリングの板になったり。
各自が身だしなみを整えながら、
木は家の一部となっていくのです。
ただ、木を切ることの意味は、それだけにとどまりません。

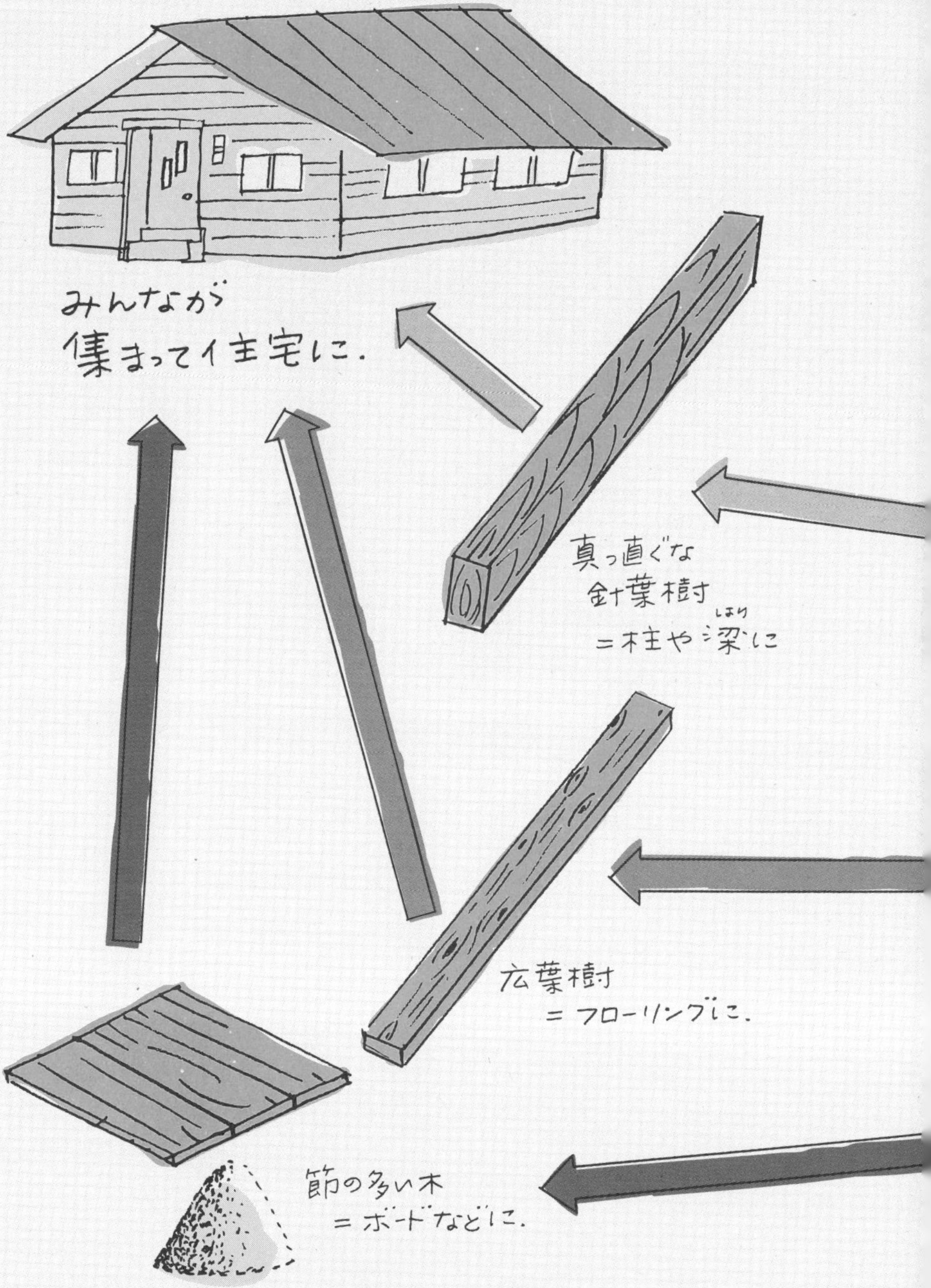
みんなが
集まって住宅に.
真っ直ぐな
針葉樹
=柱や梁《はり》に
広葉樹
=フローリングに.
節の多い木
=ボードなどに.

木を切らないということ

木を切るという行為は、それだけで国土の保全に貢献します。もし、切ることをやめてしまえば、山は弱り、ふもとの里の風景は一変してしまうでしょう。水資源は枯渇し、ガケは崩れ、土砂が下流に流れ出す。**山が弱っていく**のです。

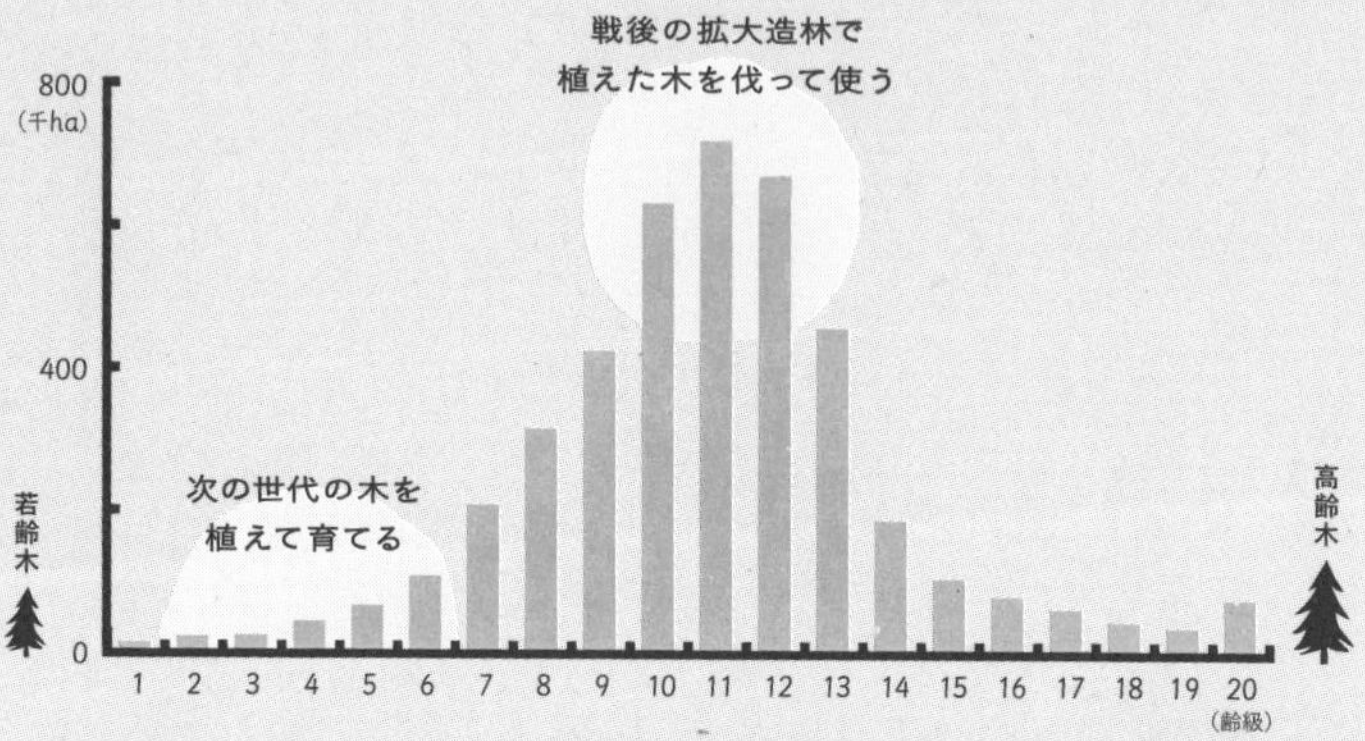

※ 齢級は、林齢を５年の幅でくくった単位。苗木を植栽した年を１年生として、１～５年生を「1齢級」と数える。

※ 資料：林野庁「森林資源の現況」（平成29（2017）年３月31日現在）

上のグラフは、日本国内におけるスギの人工林の面積を表したものです。戦後の拡大造林で植えた木を伐って使い、次の世代の森を育てていくことが大切です。

山はこうして弱くなる

山が弱っていく仕組みはこうです。本来切られるはずの木がそのまま放置され、木が密集してくると、日の光が根元まで届かず、木は**満足に成長できなく**なります。根は細くなり、土をしっかり保持する力も弱まります。下草も育ちませんから土壌の栄養分も枯れていくことに。そんな弱々しい山に、もはや土砂災害を食い止める力は残されていません。あとは、気まぐれな暴風雨に狙われないよう手を合わせて祈るのみです。

国土の崩壊

保水力の崩壊

山は木が健全に生えていることで、
水を蓄える能力を保ちます。
もし、山の木が切られずに放置されると、
山は「健康」を害し、ちょっとした
きっかけで土砂が流出しやすくなります

食物連鎖の崩壊

山が「健康」を害せば、当然生態系も
変わってきます。動物たちの生活の
場が脅かされることに

木は60年、80年、100年の単位で切り頃を迎えるといわれています。戦後に植林された木は今がちょうど切り頃。しかし、いくら切りたくても**適正な価格で購入してくれる人**がいなければ、日本の山にチェーンソーの爆音が鳴り響くことはありません

山はまっくら…

間伐材《かんばつざい》は優等生

山の「健康維持」に寄与しているのが、間伐という作業です。
間伐とは、最終的に伐採する木をよりよく育てるために、
周囲の木を段階的に間引いていく作業のことです。
勘違いしている人が多いのですが、このとき間伐で伐採する木は
不良品ではありません。若いので多少細いかもしれませんが立派に育っている木をあえて早めに切っているだけです。生育の過程で折れたり曲がったりした木（本当の不良品）を切る作業は、間伐ではなく「除伐《じょばつ》」といいます。間伐材はマジメで優秀な木ですから使っても安心。お間違えなきよう

▌日本の木で家を建てれば…

「木を切る」ということ。それは「木を使う」ということです。

そのお金で、次の世代の森を育てていくこと大切です。日本の山をハゲ山にしてはいけません。

もし、日本の木で家を建てる人が一人でも増えれば、日本の山の風景は、**本来あるべき姿**を取り戻していくでしょう。

 A man in need is not who planted trees but who falls them.

木の家で大切なことは、すべてビーバーが教えてくれる

ビーバーという動物をご存じでしょう。川辺の木を齧《かじ》り折ったり、落ちている枯れ枝を拾って川にダムや巣をつくる、愛くるしい目のネズミに似た哺乳類です。彼らの巣はなるべく手近にある木を使ってつくられます。カナダに住んでいるビーバーが、わざわざロシアまで木の枝を拾いに行ったりはしません。「そんなの当たり前じゃん」と鼻で笑われそうですが、では、どうして人間はわざわざ遠くに生えている木で家を建てるのでしょうか。

日本に輸入材が急増した経緯は

174ページでお話ししたとおりですが、輸入材でつくる家が当たり前になった背景には、「自分の家を自分でつくらなくなったから」という理由もあるような気がしています。もちろん、自分の手を動かすという意味ではありません。建売住宅を買う場合は言うに及ばず、注文住宅の場合も、建て主に主体性がなければ、自分の家にどこの国の木が使われているかなんて関心をもつことはまずありません。日本の木でも外国の木でも、出来てしまえば同じ家なのですから……。

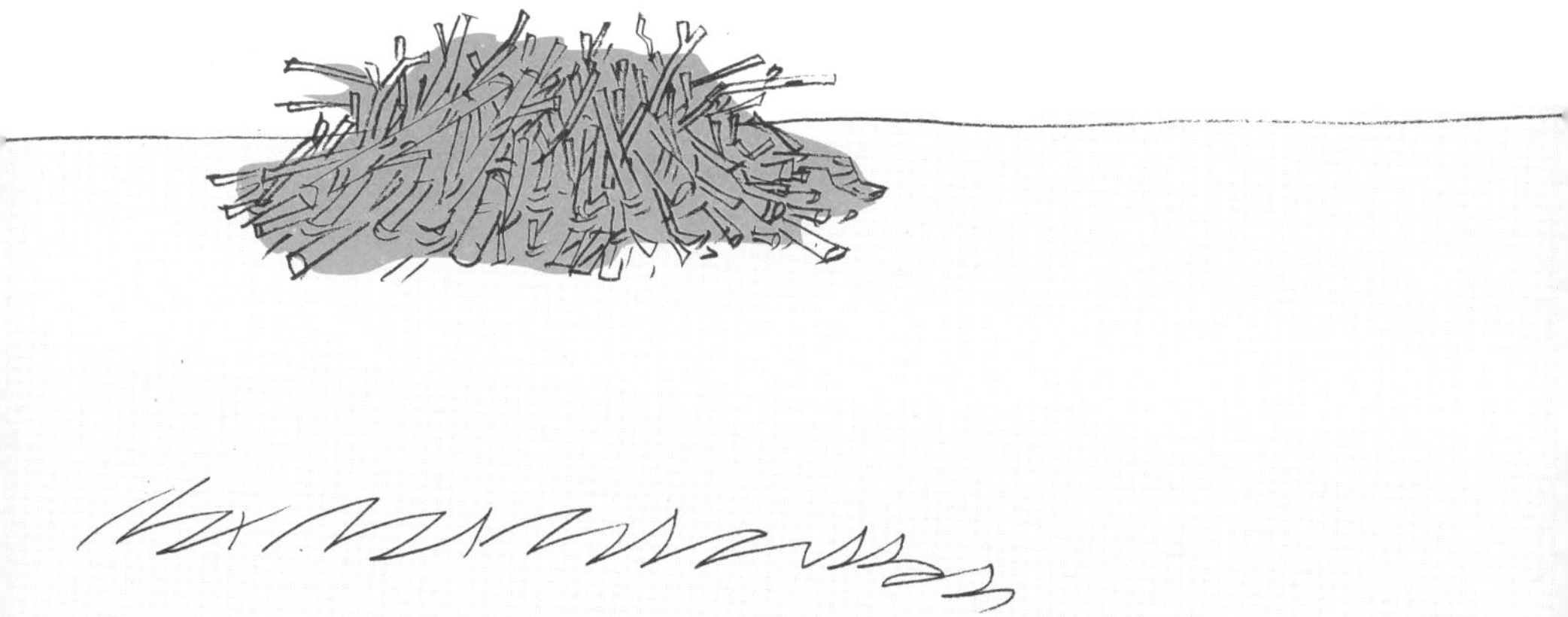

運ぶ距離を考えてみる

「フードマイレージ」という言葉があります。スーパーマーケットなどに並んでいる食品が、売り場に届くまでどれだけの距離を運ばれてきたかを示す、新しいエコの概念です。同じように、一本の木が海外から日本に届くまでの距離、その間に要する化石燃料、排出するCO_2についても意識しようという考え方を「ウッドマイレージ」といいます。たった一軒の家をつくるのに、わざわざ何千キロ、何万キロの彼方から丸太を運ばなくても、近くに生えている木を使えばいいじゃないかという極めてシンプルな発想です。

もし、あなたがこのアイデアに共感できるようなら、いざ家づくりが決まった暁《あかつき》には、担当の設計者に次のような言葉を投げかけてみましょう。「なるべく近所の木を使いたいのですが」。

自分の家は自分でつくる。ビーバーの真似をすれば、きっと素敵な木の家が出来るはずです。

木質系材料の活用

ソーセージだって肉である

Sausages are meat too.

ある説によれば、ソーセージの起源は羊の腸に肉を詰めて乾燥させた、モンゴル遊牧民の保存食に求められるそうです。ふつう、肉といえばお肉屋さんに並べられている肉の切り身をイメージしますが、ソーセージも、れっきとした肉の仲間です。だからお肉屋さんに並んでいるわけで……。

山に生えている木を伐採し、カットしてそのまま使うものを「無垢材《むくざい》」といいます。これは肉の切り身。一方、無垢材として売り出すにはいろいろ問題のある木を腐っているところなどを取り除いて加工し、接着剤で固めたものは「集成材」「合板《ごうはん》」などといいます。こちらはソーセージ。どちらも木ですが、集成材などは接着剤が不可欠なため「自然派」の人たちからは敬遠されがちです。

「本当の木の家はすべて無垢材でつくるべき」という人がいますが、本当にそうなのでしょうか。

無垢材 肉の切り身

山から切り出した丸太を適当な大きさにカットして、
そのまま四角い棒状の柱や梁にしたり、
板状の床材や壁材に加工したものを
無垢材といいます。純度 100%、
混じりっけなしの木です

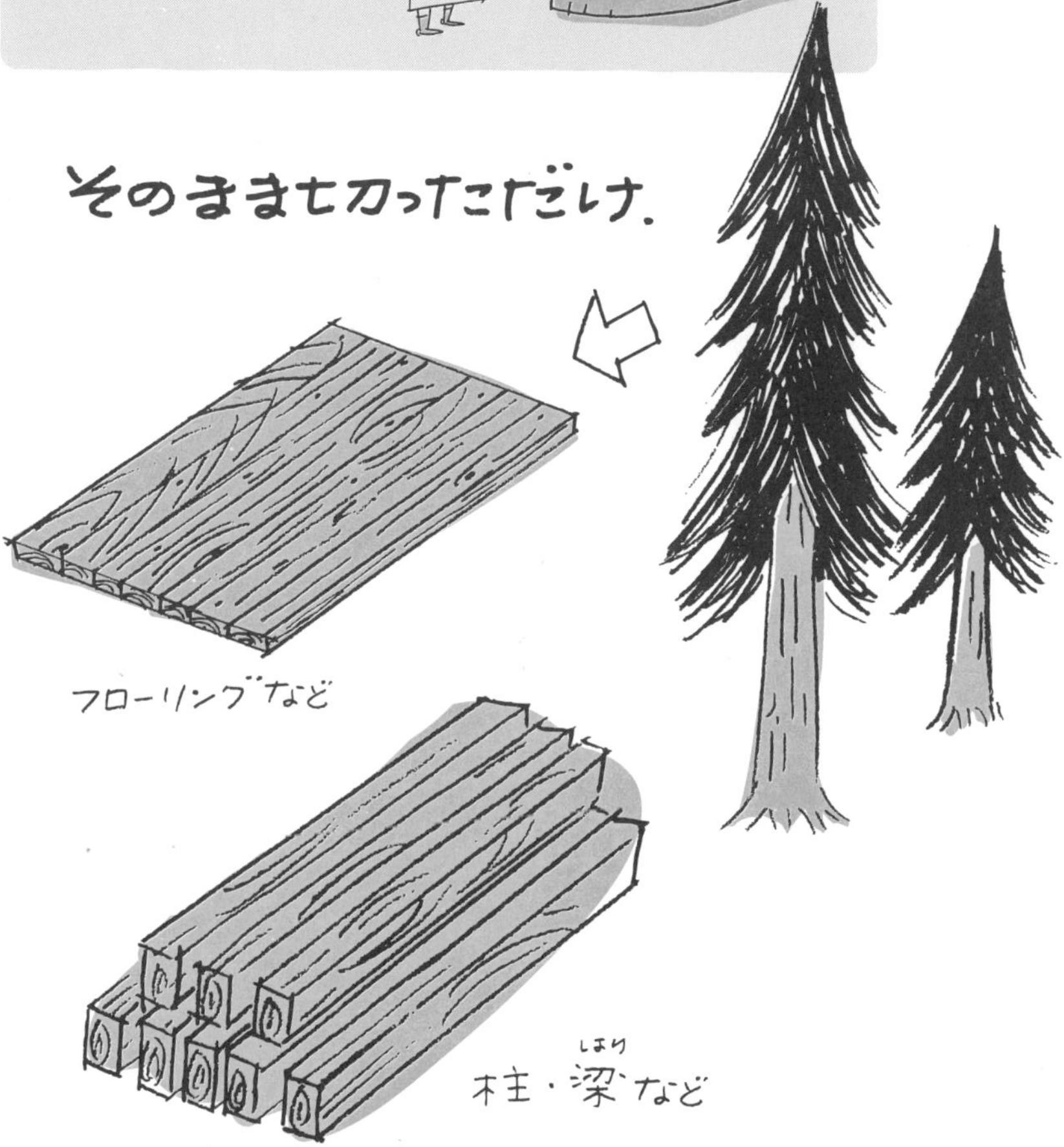

エンジニアリングウッド　ソーセージ

伐採された木には、その時点でよいものもあれば悪いものもあります。特に手入れを怠った山の木は節《ふし》だらけで、そのまま使うには難があります。こうした「並材《なみざい》」と呼ばれる木のなかから使えそうな部分を集め、接着剤で張り合わせたものをエンジニアリングウッド（engineering wood）と総称します。無垢材としては使えなかった木を使用できるのがよいですね

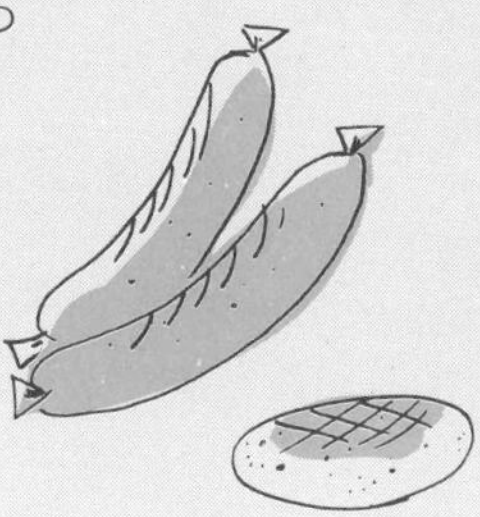

柱や梁に使われる「集成材」や「LVL《エルブイエル》」

エンジニアリングウッドのなかでも、柱や梁に使われるのが「集成材」や「LVL」（Laminated Veneer Lumber）です。どちらも木の繊維を同じ方向にそろえて接着剤で張り合わせます。両者の違いは張り合わせる木の厚みです

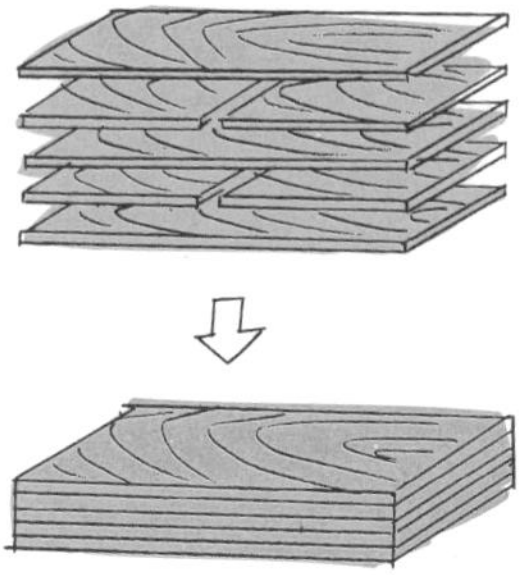

壁や床に使われる「合板《ごうはん》」「CLT《シーエルティ》」「MDF《エムディエフ》」

板状に加工するものの代表が、「合板」や「CLT」、「MDF」です。合板は木の繊維が互い違いになるように薄い板を張り合わせ、壁や床の下地として使用します。

MDF（Medium Density Fiberboard）は木をチップ状に粉砕して接着剤で固めたものです。廃材の再利用にも有効で、安価なカラーボックスなどでもおなじみです。

CLT（Cross Laminated Timber）は3㎝ほどの厚みの木を繊維方向が互い違いになるように張り合わせた丈夫な材料で、主要な構造として使います。

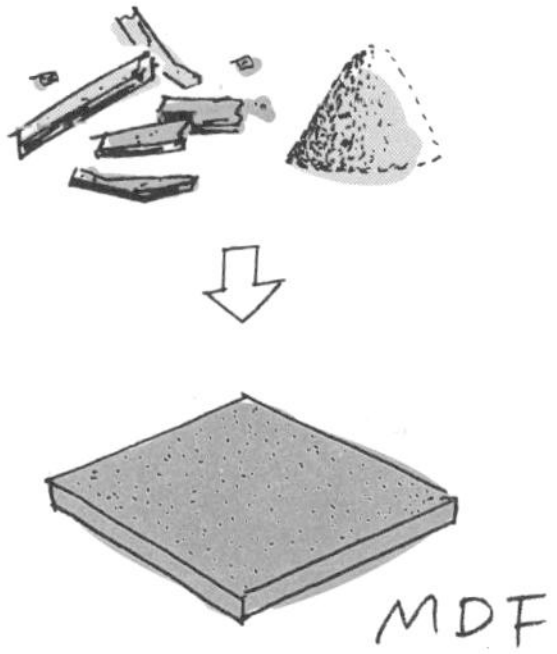

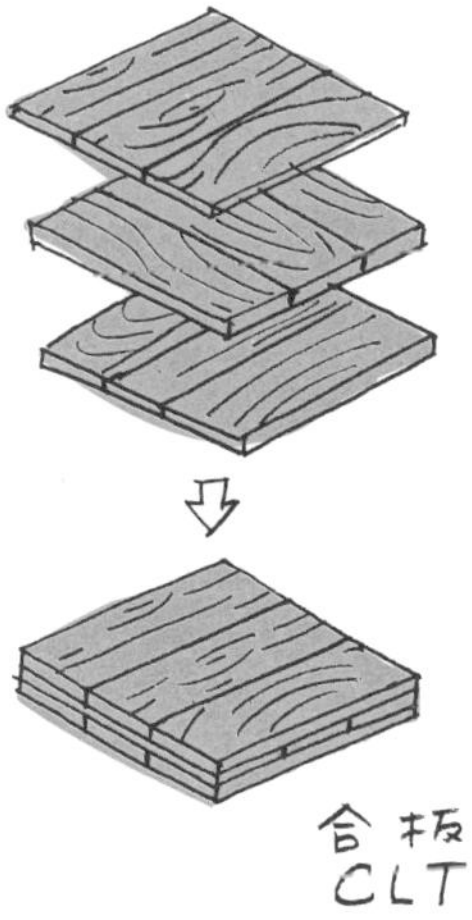

集成材の梁を使えば、
柱の少ない大空間も
可能です

集成材はワンポイントリリーフで

木の家に使う集成材は、「必要な場所に適切に使う」をルールとしましょう。集成材を使えば、無垢材ではほぼ実現不可能なサイズや長さの木を用意できます。たとえば、構造上、柱と柱の間の距離が長くなったり（だいたい4m以上）、さらには梁の上に2階の柱が載ったりなどして、無垢材の梁では支えきれなくなったら集成材の出番です。**無垢材より強度の高い**集成材を使えば、同じサイズでも梁がたわむ心配がなくなります

シックハウス症候群と木の家の微妙な関係

シックハウス症候群が社会的に大きな問題になってから30年近く経ちます。住まいと健康の関係はとても重要な問題ですから、ここであらためて話を整理しておきましょう。

シックハウス症候群は、建物の材料に含まれていた化学物質が人間の身体に悪影響を与えることで起こります。ここでいう化学物質とは、主に木材の殺虫や防腐《ぼうふ》、防カビを目的とした薬剤に含まれる成分のことです。あるいは、合板などをつくるときに使う接着剤も含まれます。

たとえば、海外から輸入される木材は長い時間をかけて運ばれますが、その間に虫に食べられたりカビが生えたりしないよう、多くは薬剤の力に頼ります。薬剤処理された木

材は長旅を終えても期待どおりの品質を保持しますが、それをアシストしている化学物質や、合板などの接着剤に含まれる有害物質が揮発《きはつ》して室内に充満すると甚大な健康被害が引き起こされます。これがシックハウスの要因の一つで、住宅の着工棟数が増えていく一方、30年くらい前からこうした報告が相次ぐようになりました。

同様に、ビニールクロスを貼る接着剤に含まれる防カビ剤が毒性をもっていたということもありました。皮肉にも、快適な暮らしを約束するはずの新しい住まいが、恐ろしい毒を撒き散らしていたわけです。

現在は、使用する薬剤を毒性の少ないものに変えているため、以前のような健康被害はほとんど聞かなくなりました。ただ、どのような物質がシックハウスの症状を誘発するかは人によってまちまちで、誰が住んでも安心という「シックハウスフリー」な家は残念ながら存在しません。これは、自然素材を多用した木の家も、例外ではありません。信じがたい話ですが、毒性があるとされる化学物質には平気でも、木材から出る天然の精油成分にアレルギー反応を示してしまう人もいるからです。

このように、個人差もありますので、接着剤を使ってつくられる集成材や合板の使用をすべて否定する必要はないと思います。193ページでお話ししたように、集成材は無垢材に比べて強度の点で勝るため、集成材

を使えば柱の少ない開放的な間取りが可能になります。合板やMDFといったエンジニアリングウッドも、そのままでは使えない節《ふし》だらけの木の有効利用という点ではなくてはならない存在です。木の家だからといって「無垢材だけ」にこだわらず、もっと気楽に構えてもよいのではないでしょうか。

化学物質を極力使用しない木の家は、確率的にはシックハウスから最も遠い場所に建つ家です。ただ、エンジニアリングウッドの使用でさらに豊かな空間が実現できるのだとしたら、それもありなのではないでしょうか。「エンジニアリングウッドだって木である」のですから。

木へのこだわり

どうせなら、いい木の家に住みたい！

Might as well live in a
GOOD wooden house !

さて、木の家の素晴らしさをさまざまな視点からお話ししてきました。では、ここであらためて問いかけてみましょう。

「いい木の家」ってどんな家でしょうか？

もちろん、日本の森のことを考えてつくられた木の家は、どれもが全部が素晴らしいものだと思います。そこでは、木の肌触りや香りに包まれた豊かな生活が待っています。木の家で暮らすことで、あなたは木の家をますます好きになることでしょう。いい家とは、まさに「愛される家。好き！って正直に思える家」であることには間違いないのです。

でも、ここではもう一つ踏み込んで、「いい木の家は、いい木材でできている」ということをお伝えしたいと思います。「いい木」と聞くと、大切に育てられた節がなくてまっすぐな木などを思い浮かべますが、それだけではないのです。「いい木材」でつくることは、いい木の家を実現するためにはとても大切なことなんです。

強さと質を決めるもの

木の強さの決め方には明確な基準があります。
これさえクリアしていれば、きっと強くて安心な
木の家が出来るはずです。

■ ヤング係数［木の品質①］

ものの強さを表す指標で、外部から力を加えたときの
変形しにくさ（曲がりにくさ）を数値化したものを
ヤング係数といいます。E50、E70など単位「E」で表します。

たとえば梁に使っている木が、重みに耐えかねて
たわんでくれば、床がたわんだり建具が開きにくく
なったりしますので、木の強度は家全体に関わる重要な
要素といえます。
ヤング係数は、ヒノキやマツなどの樹種ごとになんとなく
分かっていますが、1本ずつちゃんと計測して
知っておきたいところです

含水率《がんすいりつ》と乾燥 [木の品質②]

木が内部に含んでいる水分の比率を含水率といいます。

山に生えている木の含水率は、多いもので200%もあります。

その木を家づくりで使用するには、十分乾燥させて15%程度まで含水率を下げなければなりません。水気が多いままの木で家を建てると、完成後に乾燥が進み、木の長さや太さが縮んで、骨組み全体に悪影響を与えるのです

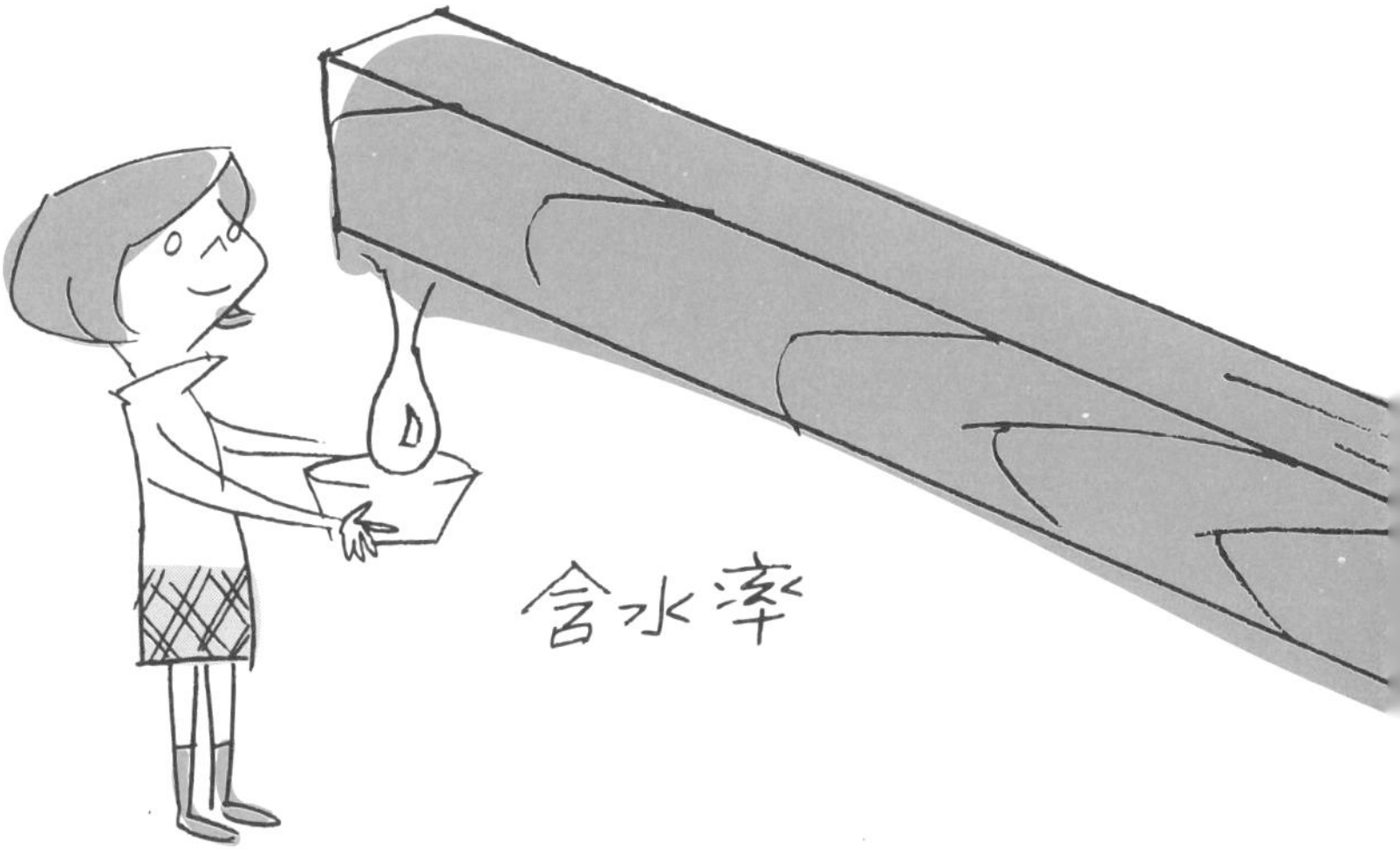

JAS規格 [木の品質を決めるもの]

食品の成分などに基準を設けているJAS規格ですが、JASには木材の基準もあります。ヤング係数や含水率について、あらかじめJASで等級が数値化されているのです。この基準をクリアしたものが、いわゆる「JAS材」と呼ばれる木材ですが、残念ながら市場での流通量はあまり多くありません。JAS材を出荷するための手続きの手間やコストがネックとなり、なかなか認定工場が増えていかないためです。でも、木の家を建てたいと思ったら、品質がしっかり明記された木材でつくりたいと思いますよね。流通が少ない現在の状況を解決するには、使う側も大きく声を上げていくことが大切なのです

サカナというものを一生に一度しか食べられないとしたら

お肉のほうが好きなんですけど……という人でも、もし一生に一度しか魚を食べられないとしたら、それはもういろいろ策を練るはずです。「やはりここは大間《おおま》の鮪《まぐろ》の大トロを刺身でいただきたい」という人もいれば、「いやいや、腐っても鯛《たい》ですよ。明石《あかし》の鯛を塩焼きにして」という人もいるでしょう。なかには「銚子《ちょうし》のイワシを七輪で焼いて」という庶民派もいたりして。いずれにしろ一生に一度のことですからね……。

家づくりもほとんどの人にとっては一生に一度のビッグイベントです。

本書ではここまで、木という生き物のこと、木を扱う人たちの知恵、日本の木を巡る諸問題など、木の家に興味をもつ人たちに是非知って

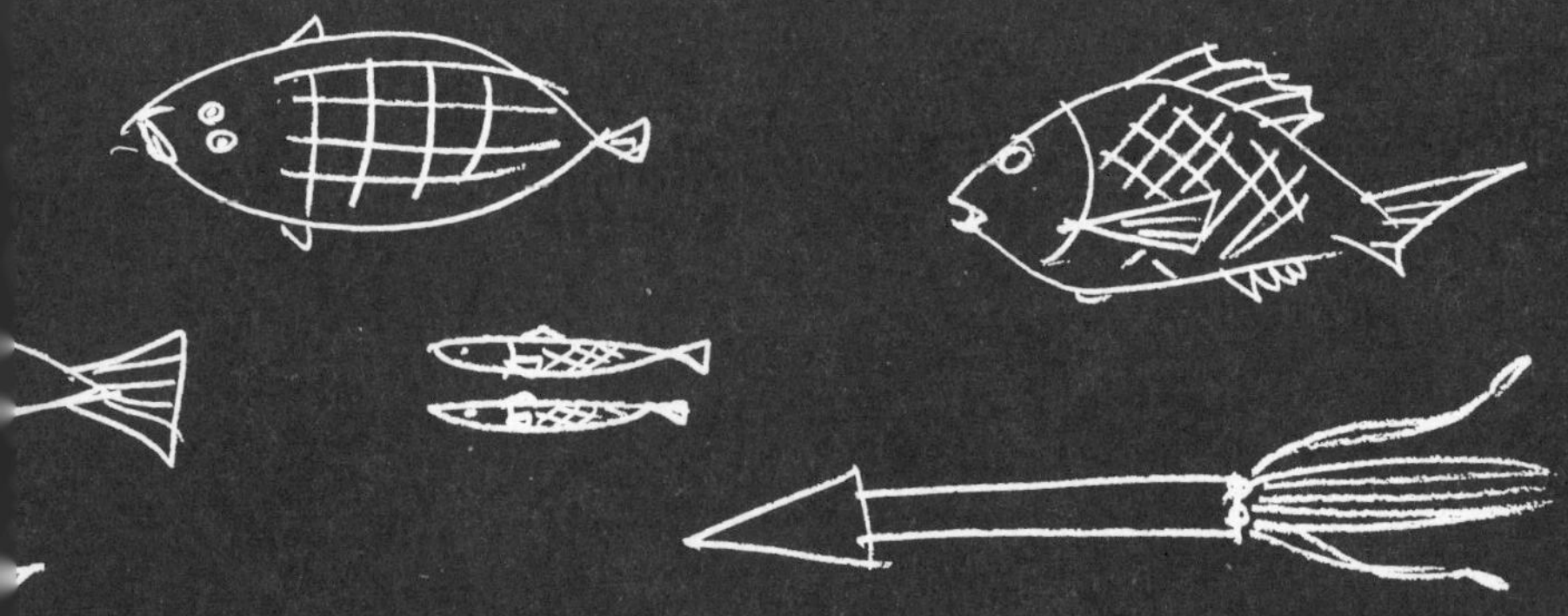

おいてほしい事柄をあれこれお話してきました。さあ、そのうえで、どんな木を使ってどんな木の家を建てるか――ここからはあなたが考える番です。

ただ、覚えておいてほしいのは、木の家を建てるということは、一生に一度しか食べられない魚を吟味するのと同じだということです。コストや流通事情も関係してきますが、できるだけベストな木を使ったベストの家を目指しましょう。「木についてじっくり考えてみる」時間を大事にしてほしいと思います。

知らず知らずのうちに「マズイ木」を食わされないようお祈りしています。

よい木の家を！

ドイツに引っ越されたダグラスさんが、
30年ぶりにわが家を訪ねてくださいました。

フローリング、天井、
デッキテラス、外壁……

わが家の歴史を一つひとつ、
ダグラスさんは我が子のように
ごらんになっていきました。

別れ際に一言、
「こんどはあなたの番ですね」
そう、ダグラスさんは言い残されて……

ありがとう
ダグラスさん！

木の家に住もう。

Living in a wooden house.

2021年6月1日　初版第一刷発行

著　者　古川泰司／アラタ・クールハンド

発行者　澤井聖一

発行所　株式会社エクスナレッジ

〒106-0032　東京都港区六本木7-2-26

https://www.xknowledge.co.jp/

［問合せ先］

編集　Tel03-3403-1381／Fax03-3403-1345／info@xknowledge.co.jp

販売　Tel03-3403-1321／Fax03-3403-1829